GUÉRISSEUR, DON DE SOI ET ENGAGEMENT DU CŒUR

Les Secrets d'Oscar Coupé, guérisseur à l'infini

Avertissement

Ces textes sont présentés comme une information dont l'exécution ou l'utilisation reste sous l'entière responsabilité et compétence du lecteur. Ni l'auteur, ni l'éditeur n'assument une quelconque responsabilité au sujet des techniques et méthodes exposées dans cet ouvrage. Les conseils rapportés ici ne peuvent en aucun cas remplacer un avis médical avisé.

Une marque du groupe éditorial Piktos,
Z.I. de Bogues, rue Gutenberg – 31750 Escalquens

www.piktos.fr

Imprimé en France

I.S.B.N. 978-2-84197-551-8

Bonneau Paul

Oscar Coupé

GUÉRISSEUR, DON DE SOI ET ENGAGEMENT DU CŒUR

Les Secrets d'Oscar Coupé, guérisseur à l'infini

Éditions TrajectoirE

BONNEAU Paul

ÊTRE GUÉRISSEUR POUR ACCOMPAGNER LA MALADIE : UNE FAÇON DE VIVRE PLUS FORTE QUE SOI

Gestation d'une nécessité intérieure : soulager les gens malades par un don donné

Au commencement était ma foi fervente qui soulève des montagnes : c'est à cette source vive, entretenue depuis des décennies, dans les replis intimes de mon cœur, que je puise chaque jour. C'est mon eau claire, pour aider à nettoyer la boue de la maladie, lutter contre la noirceur de la douleur des gens qui viennent à moi, parce qu'il n'y a plus d'espoir. Qu'ils soient grands ou petits quant à leur statut social, je les accueille, je les reçois, je les accompagne. Je mets à leur service ce don accueilli à neuf ans, avec toute l'énergie de la foi qui circule dans mes artères, pour donner à mon cœur la force de donner ce que j'ai, mais qui est inexplicable. Quand ils ont fait appel à la médecine et que plus rien ne s'offre à eux, alors je les reçois, sans rétribution financière. Je propose mes soins alternatifs, comme dans

BONNEAU Paul

une sorte de vie parallèle qui absorbe toute mon existence. Je laisse toujours la médecine officielle œuvrer, et renvoie à elle ceux et celles qui me sollicitent pour des maux divers. Ma foi en Dieu, que j'alimente au jour le jour, est l'énergie qui nourrit cette nécessité intérieure de donner aux autres ce qu'il m'a donné, pour tenter de les soulager de leur mal. C'est lui que j'ai dans mon cœur, un Dieu d'amour, qui me dicte d'imposer mes mains sur les têtes des gens en souffrance. Je ne l'ai pas voulu, cela s'est imposé à moi, malgré moi. Je suis seulement ce que les autres appellent un guérisseur. J'ai les mains ouvertes, les mains offertes pour accompagner les maladies et les douleurs. Mes soins sont gratuits. Des milliers d'êtres sont venus à moi. Je suis souvent ce dernier recours des « illusions perdues ». Au fond, je me mets juste au service de ça. Je n'ai rien demandé. J'agis juste parce que ce don m'a été donné. Cela se fait, cela s'impose, nécessité intérieure profonde, je ne peux pas faire autrement. Accompagner la douleur : cela passe par moi. Et c'est plus fort que tout, c'est plus fort que moi. Je suis peut-être seulement un passeur missionné pour ça. En fait je ne sais pas. Je serais là juste pour cela, pour mon passage sur la terre, avec la foi fervente en bandoulière : c'est Dieu qui est là, une force d'amour au cœur grand comme la terre qui agit par mes mains. Il revient vers moi chaque soir qui tombe, il me recharge, en courage, en énergie d'amour, en volonté d'aider l'Autre. Peut-être est-ce une question de destin auquel on n'échappe pas, qui vous porte, vous emporte, vous dicte la voie. C'est comme cela. Chaque matin je me lève pour cela. Je n'ai pas d'autre sens. Pendant plus de soixante ans, je n'ai eu que mes mains à offrir aux souffrants, pour aider à extirper la maladie qui les enflamme. Mes mains, pour seuls outils qui captent la maladie, la détectent, tentent de lui faire la peau, de la mettre hors d'état de nuire. Mes mains, pour seul combat contre la nuit de la maladie. Elles rendent légitime ma présence sur la terre, elles me permettent de rendre concret ce qui m'habite : cette passion plus forte que tout d'aider les autres, de tenter de les débarrasser de l'habit noir de leur maladie. Je ne promets rien, je fais juste ce que j'ai à faire, avec la foi plantée plein cœur. Je propose autre chose que la médecine officielle à ceux qui me le demandent. La prière, psalmodiée, litanie intérieure, intime, accompagne : elle est l'autre visage de ce don dont j'ai été investi, comme si j'avais été désigné par ce Dieu qui a pris très tôt toute la place disponible dans mon cœur. C'est ainsi que je me donne parce que m'a été donné cet inexplicable don, sorte de grâce miraculeuse. Je me suis donné aux milliers de gens venus à moi comme les petits enfants à Jésus, et si l'âge avance et que je dois limiter mes interventions, je reste au service de l'être humain en souffrance. Je ne peux faire que cela. C'est comme cela. C'est irrationnel. Il y a juste à faire, même si c'est inexplicable. Cela passe par moi, cela me traverse. Voilà. C'est une croix très lourde à porter, sans que je puisse m'en empêcher, un peu comme si j'étais aimanté.

De la passion, ou souffrance…

Oui, il faut bien essayer d'évoquer ce qui a pu décider de cette nécessité d'avoir à se mettre à accompagner la maladie. Même si c'est, je le répète, incompréhensible pour moi. J'essaie juste de retrouver les pièces d'un puzzle à reconstituer et qui donnera au lecteur, peut-être, des pistes. Même si je crois qu'il n'y a rien à comprendre. En tout cas s'impose à moi cette passion dévorante, au sens christique : le Christ a porté sa croix jusqu'au Golgotha, il s'est sacrifié par amour pour l'humanité. Moi je vais chercher, avec mes mains, la passion des autres, au sens étymologique du mot, c'est-à-dire leur souffrance, pour les en décharger. Je suis comme mandaté pour ça. Mes journées ont fini par être consacrées à cela, même si je travaillais le matin pour gagner ma vie d'abord dans les mines, puis en usine : des hommes de bonne volonté dont j'avais soigné un enfant, ou eux-mêmes, m'ont permis d'exercer à mi-temps un métier de surveillance, pour que je puisse me consacrer à donner aux autres, par ce don qui m'a été donné. Ma vie de guérisseur est le résultat d'une vraie bénédiction reçue très tôt, à l'occasion de visions surgies de rêves nocturnes, et dont je ne suis pas responsable. Je n'ai rien demandé, je vous le répète. Cela m'habite depuis que je suis petit. La passion, au sens de la souffrance, cela s'écrit déjà dans le Nord, terreau de mon enfance au cœur des mines, du *Germinal* de l'écrivain Zola, dont j'ai entendu parler. Mon tableau de vie quotidien, c'était le terril. La mine qui domine tout, comme une grande bête noire. À l'époque, enfant d'une famille nombreuse, je vivais de plain-pied la vie des mines, j'étais au cœur de cet univers âpre ; il y avait toutes ces mains d'hommes au corps à corps avec la mine noire qui vampirise. La mine, c'était un animal implacable qui tue, qui enfante le désespoir de vivre, et la nécessité pour certains de l'oubli dans l'alcool qui attaque les corps. J'ai vu cette douleur de vivre, les conditions de vie très dures dans le Nord. La misère ordinaire, à Courcelles-lès-Lens, c'était notre lot. Et pourtant, il y avait une vraie fraternité, dans ce malheur de vivre une existence rude. La solidarité généreuse, le sens de l'entraide existaient, les gens étaient reliés par la parole, ce feu qui réchauffe le cœur. Comme ces senteurs du café qui réconforte, dont je garde la mémoire sensorielle. Je conserve aussi le souvenir de ces mines d'hommes sculptées à la serpe, de bourrus au cœur tendre, au corps entamé, à bout de souffle. Cela m'a peut-être appris, en partie, à mon insu, le sens de la générosité. Petit garçon en souffrance, j'étais solitaire, mais à mon aise, parmi les mineurs âgés, et je captais les douleurs de ces belles âmes claires enfantées par la douleur sombre des corps noircis de charbon. Dans ces années sombres, il y avait aussi, dans l'enfer sombre du charbon pétri par les mains, des jours de joie et de danse, de bal, petites parenthèses vite refermées. Nous vivions à douze, dans un deux-pièces cuisine et il fallait faire face à la peur d'un père pas méchant qui s'abîmait dans la passion de boire, encore et encore, pour oublier la douleur du travail de la mine qui use, entame inexorablement le corps avec des dents carnassières… Alors je courais, flanqué de mes frères, la peur tailladant le ventre, dans la nuit noire, dormir au cimetière, sur une tombe : c'était le lit humide où personne ne pourrait me faire du mal, oui, je dormais sur une pierre tombale froide. Les voisins manquaient parfois de place pour nous accueillir, mes frères et moi. Oui, la passion, au sens de « souffrance », fut le paysage de mon enfance et m'a donné, peut-être, le sens de l'Autre. Je me souviens, comme on distingue des silhouettes dans le brouillard, de ma petite enfance marquée par l'occupation allemande, je me souviens des restrictions, de la privation, de la pauvreté. Ainsi la vie inquiétante de l'enfance a sans doute préparé la vision du don à venir. Il ne manquait plus qu'une visite miraculeuse pour que je sois mis sur ma voie…

Tu seras initié, dit-il…

En fait, ce mot « don » d'accompagnement de la maladie qui fait toute ma vie ressemble à un oignon qu'il faudrait éplucher. Cela me dépasse moi-même, puisque je ne suis qu'un canal de transmission, qu'un vecteur, comme en a décidé le destin voulu par Dieu. Il y eut donc comme une première scène, inscrite à jamais dans les replis de ma mémoire du cœur. J'avais neuf ans. J'avais la chance, ce soir-là, entamé par la culpabilité de savoir mes parents restés dans leur inconfort, de dormir dans la famille, chez une cousine qui jouissait d'une aisance matérielle, vivant dans une maison cossue. Je finis par me laisser emporter par le sommeil, délicieusement surpris par le bien-être douillet de cette vraie chambre pour moi tout seul. C'est là que le destin, ce qu'a voulu Dieu pour moi, est venu frapper à la porte de mes rêves. Tout a commencé par une éblouissante lumière, dont surgit une forme aux contours qui se précisèrent doucement : ce fut comme une apparition, qui prit la peine, dans mon rêve, tout pétrifié que j'étais, de venir à moi très lentement. Je réalisai que le visage m'était familier, oh combien familier... Ce n'était autre que le Christ, que je reconnus sans mal, à cause des heures passées à l'église avec ma mère, qui avait elle-même vécu dans un couvent... Ma mère tendre, ma petite mère chérie, dont j'aurais tant à dire, pour cette force de générosité qu'elle m'a léguée, cadeau si précieux. Inestimable. Elle n'a jamais su ce qui m'était arrivé ce soir-là. Oui, le Christ s'est adressé à moi. Elle ne le saura jamais, ma mère, ce trésor du cœur. Oui, ce soir-là, au creux de ce rêve à la lisière de l'inconscience éveillée, cette Vision, tout habillée d'or, s'adresse à moi, oui à moi, qui suis dévoré d'une frayeur indescriptible. Je suis incapable de quitter le lit, comme paralysé. Alors des mots montent de la bouche divine, des mots qui apaisent, des mots qui disent avoir à me faire le don de soulager la maladie. La bouche douce ajoute que demain, j'en saurai davantage. Puis la lumière extrême reflue, et la nuit s'étire, noire, entre accès de réveil et endormissement, avant le grand réveil. Une question d'ailleurs me poursuit depuis toutes ces décennies de soins prodigués à mes frères humains : « Pourquoi moi ? » « Pourquoi ai-je été choisi, et pas un autre ? » Cette question tourne en boucle, dans ma vie, et s'évanouira sans doute seulement avec moi. J'attends donc la venue du second songe, cœur battant, avec des pensées qui tournent en boucle jusqu'au soir où l'anxiété diffuse se transforme en angoisse lourde. Je finis par oser plonger dans l'obscurité de la chambre, tout en luttant contre le sommeil, jusqu'au bout de la nuit. Je finis par rendre les armes, et par lâcher prise, en acceptant de me livrer aux bras du sommeil. Voici venue l'heure du rendez-vous avec la silhouette auréolée d'une lumière divine. Oui, à nouveau, le Christ si éblouissant vient à moi, malgré la frayeur qui empêchait toute tentative de fuite, me tenant cloué au lit comme maintenu par des bras invisibles. L'incroyable se produit alors : l'heure de l'initiation est venue. La voix du Christ prononce alors les trois mots d'une prière que je psalmodie depuis. J'apprends par la voix divine que ces mots seront comme un baume à poser sur la souffrance des malades, et que poser les mains sur la tête permettra de soulager la personne. Elle ajoute qu'il faudra inviter à revenir deux fois, si l'apaisement n'est pas là. Puis le Christ reflue, comme si l'épaisseur de la nuit en avait absorbé le rayonnement. J'étais donc initié. Il m'avait choisi, moi, pour combattre les ténèbres de la maladie. Mon existence était désormais mise sur des rails, elle était intégralement transformée. Éclairé, j'étais devenu le porte-parole de Dieu, après ces mots déposés dans l'intimité de mon âme, par son fils qui connaissait si bien la passion, la souffrance. Je ne savais pas que j'allais imposer mes mains sur des milliers de personnes, toute une vie durant. Mon premier geste alla d'ailleurs à un petit rongeur, une souris mal en point dont le corps se réchauffa, tandis que je répétais les mots de la prière miraculeuse, tout en imposant les mains. Elle retrouva vite son entrain, sa force de vie. Ce fut le tour d'un chien, puis enfin de personnes de ma famille. Je compris alors que toute ma vie serait vouée à donner aux frères humains, à cause de ce don irrationnel qui m'avait été donné. Je resterai le même, je serai simplement au service des autres, pour soulager. C'est tout. Magnifique mission, J'aurai de la gratitude encore et encore, pour ce Dieu qui m'habite et à qui je parle chaque jour, comme à un interlocuteur familier qui réside dans la chair de mon cœur. On m'a parlé de ce qui se passait à Rome, quand les malades venaient demander d'être guéris, au temple d'Esculape. Ils étaient endormis par un prêtre, et enlisés dans un rêve, le dieu faisait une apparition et donnait les moyens de se rétablir aux élus. Moi, c'est Dieu qui, par l'intermédiaire de Jésus, m'a donné mes outils pour délivrer autrui d'un peu de souffrance... Souvenons-nous de l'Évangile selon saint Marc : « Ils imposeront leurs mains aux malades, et ils seront guéris. » Je marche peut-être dans les pas de ces prêtres capables de faire reculer la maladie, que l'Église accepta.

Je ne sais pas. Je suis au service d'autrui. Voilà tout. Je ne suis qu'un homme simple, qui n'a pas connu la maladie pour lui-même, et qui offre ses mains nues, à qui les demande. Je ne suis que le dépositaire, très modeste, d'un don qui me dépasse moi-même.

Ma mère, madone douloureuse, Mère courage qui met sur la voie…

Ce cœur énorme, gorgé d'amour jusqu'à plus soif, c'était d'abord celui de ma mère. À son insu, elle a préparé ce don qui allait m'être donné par la voie divine, ce don « inexplicable », comme le répétaient mes proches. Aujourd'hui encore, je lui parle, elle est en moi, vivante, j'en rêve chaque nuit, elle m'arrache des larmes. Oui, elle vient me visiter deux fois, illumine la noirceur épaisse de la nuit, ma douce madone qui a porté elle aussi, toute sa vie durant, à bout de bras, ces fruits d'une passion qui blesse, qui saigne. Elle avait deux sœurs et deux frères, tous nés dans la petite ferme parentale, entre Auby et Courcelles-lès-Lens. Elle s'appelait Juliette, un prénom gorgé d'amour, qui lui allait si bien, à elle, la si belle, la si émouvante. Elle m'a très tôt transmis sa foi fervente de la survie, me rendant familier des églises où j'observais les scènes de la Passion du Christ, et les statues de la Vierge Marie et de son enfant Jésus. Ces églises sont pour moi des havres de régénération de l'âme, j'y ai passé tant d'heures, durant mon enfance, qu'elles sont devenues ces maisons familières, ces guides d'amour vers qui on revient, toujours. Aujourd'hui, je pense à cette mère de tous les courages face au dénuement, à la faim, tenant bon, face à la détresse de mon père accroché à la bière, au vin rouge de sa souffrance. Je pense à elle, quand je regarde chez moi les statues de vierges données par un Italien qui venait se faire soigner chez moi avant de se rendre en Belgique. Je pense à elle en regardant la Vierge noire campée sur l'autel, cadeau de gitans de passage. Autant de visages de Marie pétrifiée mais si rassurante qui me renvoie à ce visage d'amour qui n'en finit pas de vivre sa vie éternelle en moi. Mon imaginaire en a été peuplé très tôt, par la grande foi mise en actes de ma mère à la voix précieuse qui répétait ces psaumes, chantant en latin le soir pour ses enfants. Ces chants font encore le tour de mon cœur. Ma mère est un personnage familier de mes rêves, elle qui vient si souvent me visiter, la nuit, elle se fait voix du cœur, qui s'adresse en direct au mien, pour évoquer ce lieu tranquille, où elle repose maintenant pour l'éternité. C'est un endroit qui ressemble au paradis, dans mon rêve elle vit parmi les fleurs, et veille sur moi. Elle est une présence forte, dans mon cœur. Elle est comme une madone très privée, qui règne sur mon intimité. Chose curieuse, la première personne étrangère venue me solliciter était italienne, très exactement toscane. L'Italie, ce pays des portraits de madones angéliques qui me font penser à ma douce mère qui m'a appris l'amour des autres…

Oui, sans le savoir, elle m'a montré la voie pieuse du don de soi, de la générosité : ses mains étaient aussi ouvertes, offertes à ceux qui avaient encore moins que nous, à qui elle proposait de dormir, de se nourrir. Elle m'a appris, par ses actes généreux, la langue de l'amour de l'être humain. Durant l'enfance passée sous l'occupation allemande, elle m'a sauvé, par la foi transmise, de l'écueil de l'alcool pour oublier la dureté des privations, me faisant déjà monter, avant l'heure du don donné, sur le vaisseau lumineux de l'amour de l'Autre. Quelle force d'énergie, malgré la douleur de vivre au quotidien, quel cran de femme sortie du couvent pour aimer un homme titubant tout le temps. Sans se plaindre, elle se pliait aux tâches ménagères, de constants et fichus lavages, repassages, préparation de repas avec si peu. Il lui fallait trois journées pleines pour laver le linge de la maison, pour douze personnes… J'ai eu très vite l'impérieux besoin de l'aider, de lui donner un peu de moi-même, traînant tant bien que mal dans des seaux l'eau cherchée à la pompe. De même, j'osais escalader le terril afin de récupérer des cailloux de charbon, même si c'était dangereux… J'en rapportais des kilos chez nous, pour aider ma mère à survivre à la pauvreté : je les revendais, pour donner à ma mère un peu de cet argent qui lui permettrait de se procurer ce que nous n'avions pas, des pommes de terre, du beurre. Le soir, ma belle madone tombait, rompue de fatigue, abattue comme un grand chêne qui se relevait le matin. À nouveau, les senteurs de la lessive venaient se répandre, et je m'en souviens encore, après toutes ces décennies de mains imposées pour soulager les autres. Les mains de ma mère venaient, elles, blanchir la douleur de vivre, effacer le noir du labeur de la mine. Peut-être qu'elle a tiré par la main toute ma vie de guérisseur, en m'apprenant les valeurs du respect, de l'honnêteté, de la compassion. Elle reste mon phare, dans la tempête des souffrances humaines qui déferlent comme des vagues en colère. Elle est présence vue, icône magnifique. Irremplaçable.

Elle m'a toujours dit de ne pas me marier, pour ne pas être malheureux, pour me protéger, de l'avoir, elle, trop été. J'ai pourtant basculé dans le mariage, qui n'a pas été heureux ; mon épouse, au début, n'avait pas accepté ce qui était ma mission, même si elle a fini par s'apercevoir que je faisais réellement du bien à ceux qui venaient me voir. Ma seconde tentative de vie commune s'est aussi soldée par un départ. Certainement, je n'étais pas fait pour cette vie-là, mon existence entière était vouée à autre chose, il n'y avait finalement pas de place pour autre chose que mes mains ouvertes et imposées, sur la tête de ceux qui souffrent. Si ma mère n'a pas connu le bonheur, ma petite mère qui psalmodiait en latin, elle en a donné de petits morceaux aux pauvres hères plus pauvres que nous qu'elle nourrissait, qu'elle abritait, comme un oiseau couve son nid. Le bon Dieu l'a laissée avec moi, comme je me le répète souvent. Elle est morte du diabète, je n'ai pu la soigner, je suis arrivé cinq minutes trop tard… Les cendres du corps de ma mère sont l'engrais divin qui m'aide à soulager la maladie, à repousser la mort des autres, à la remettre à un peu plus tard. Oui, la force chaleureuse de cœur de ma mère a préparé la chaleur divine qui protège de la maladie. Oui, elle m'a, à sa façon, avec ses mains du courage, montré la voie du don des mains imposées que j'allais recevoir… C'est elle qui m'a donné, en partie, ce don de secourir la vie. C'est avec si peu que je fais tant, avec ces mains qui mettent en actes la foi, l'amour de la vie de ma petite mère charitable, qui était pourtant aux prises avec l'âpreté de vivre. Je ne fais que suivre la route qu'elle a tracée, pour moi, sans le savoir.

L'amour de l'autre prend toute la place…

Il me faut parler, évidemment, de ces femmes qui ont traversé ma vie, mais avec qui je n'ai pu rester. Sans doute je n'étais pas fait pour cette vie-là, tout entier pris par cette mission de soulager la souffrance humaine. Il y a donc eu une femme, une première femme, Françoise, avec laquelle je me suis marié, même si ma mère, qui avait souffert dans son couple, du fait de l'alcoolisme de mon père, l'homme douloureux des mines noires des corons, m'avait dit de ne pas me marier. Elle croyait que j'en serais malheureux, comme elle. À sa façon, elle tentait sans doute, par anticipation, de me protéger de la souffrance, des déchirements d'une vie de couple qui s'était retournée contre elle. Mais c'est soi qui fait l'expérience de ce qui ne convient pas pour soi. J'ai donc épousé Françoise. Peut-être l'avertissement de ma mère a-t-il eu sa place dans l'impossibilité qui fut la mienne de vivre une vie à deux épanouissante. C'est un peu comme si elle avait guidé mon destin, orienté ma vie. Je lui faisais tellement confiance. En fait, je n'en sais rien. Je sais simplement que mon engagement à servir les malades était plus fort que tout, qu'il prenait tant de place, dans mon cœur, mon temps, absorbant mon énergie, mes journées, mes pensées. C'est à vrai dire inexprimable. Il faut dire que Françoise n'aida pas mon entreprise au début de notre vie commune, regardant ce don d'un œil dubitatif. Ce fut plus tard qu'elle prit conscience que je faisais réellement du bien à ceux qui me sollicitaient. Cela n'empêcha pas notre couple de se déliter, tandis que je flottais, pour ainsi dire, quasi passif, comme extérieur, figurant pâle de cette histoire en lambeaux. J'étais certainement tout à ma passion, au sens étymologique de « souffrance » d'avoir à donner mon être aux autres, qui croyaient en ce don inexplicable qui aidait leur santé et leur vie à se remettre en marche. Toujours est-il que notre histoire se finit par un divorce, qui fut prononcé en octobre 1997. Ce fut un moment important de mon existence, où se joua une sorte de libération intérieure, qui devait me mener à être libre de choisir enfin, après toutes les années masochistes poussées sur le terreau d'une enfance douloureuse. Une période d'errance, d'entre-deux-mondes s'ensuivit. Mon véhicule devint un lit de fortune, et je priais, tout à la gestation de mon renouveau, laissant au gré des kilomètres des pans entiers de mon ancienne peau.

Il n'y a sans doute pas de hasard dans les rencontres que nous faisons, toujours est-il que je dois à Sylvie, une femme dont j'avais soulagé la fille emportée par une tumeur cérébrale, un rebond du cœur. Elle fut celle qui, comme ma mère le fit pour les gens démunis, ouvrit ses bras et sa porte : c'est chez elle que je pus aussi reprendre ma vie de guérisseur. J'ai pu ensuite louer un appartement de l'OPAC de Douai, lieu de vie qui me fut proposé par un malade. Je touchais déjà ma petite retraite, en tant que préretraité de l'usine. Ce lieu était très sinistre, quasi insalubre, et les toxicomanes avaient fait des parages leur lieu d'ancrage. C'était un espace à part, un lieu où se déclinaient la marginalité, la précarité, la détresse. Pourtant, je me suis occupé de ma fille Sélène ainsi que de Sylvie. Aujourd'hui, je vis à nouveau seul, même si Sélène m'accompagne, pour mon plus grand bonheur. Sa sœur Valène, vit avec Sylvie sa mère. En fait, je ne suis fait que pour cela : accompagner la douleur des autres, la soulager du mieux possible. C'est là mon destin. Il n'y a pas eu de place, ou de disposition, pour autre chose, vraiment. Cet engagement a mobilisé tout mon être, toute mon énergie, toute ma vie.

Approcher la caméra sur le mot « guérisseur »

Le guérisseur : un passeur humain désintéressé ?

Je dis toujours que le guérisseur ne promet rien à personne. Une de ses caractéristiques est son honnêteté, il ne promet pas l'impossible, et ne se croit pas tout-puissant, gourou, démiurge à la place du démiurge. Il n'est pas le Christ en majesté, il ne trône pas tel Zeus, le dieu de l'Olympe des Grecs. Il ne peut pas tout. Il n'est pas une assurance-vie, ni une garantie absolue. Oui, je suis seulement un homme, rien qu'un homme, avec un don donné. Cela ne change ainsi absolument rien à mon état d'humain. J'explique à ceux qui me sollicitent que la réussite absolue n'est pas possible, et que je ne peux soulager toutes les maladies. Je propose juste une alternative, et interviens en marge de la médecine officielle. Examinons la définition que *Le Petit Robert* donne du guérisseur : « Personne qui fait profession de guérir sans avoir la qualité officielle de médecin, et par des moyens non reconnus par la médecine. » À cela près que je n'en fais quant à moi pas une profession, puisque je n'en dépends pas pour vivre. Le guérisseur, ce serait un passeur, qui essaie de guider, pour cheminer de la souffrance à l'amélioration, de la maladie noire à la lumière du mieux-être. Il tente de soulager. Il tente de « défendre, de préserver »... du mieux possible la santé, au sens du vieux français *garir*. Je répète souvent qu'il faut avoir tout tenté, avant de se mettre en relation avec un guérisseur. Parallèlement à la médecine et son serment d'Hippocrate, j'accompagne l'humain dans sa lutte, dans son combat contre le mal que son corps abrite, par ce don qui passe par moi, qui transite par moi. Je fais cheminer entre l'état de souffrance, de douleur, et celui d'un soulagement. Je m'emploie à apporter un peu de paix. Oui, c'est cela, j'invite à ce chemin, qui commence par une première visite, laquelle est parfois suivie de quelques autres. En fait, aucune histoire d'humain ne se ressemble. J'accomplis ce qui m'a été demandé, lors des visions, des apparitions, je mets mon être au service de cela. Je suis l'outil, l'instrument de cet accompagnement des misères des hommes et des femmes qui viennent me voir. Je prends ma place, sans l'avoir demandée, dans la longue lignée des guérisseurs dont le savoir-faire défie le raisonnement, la logique, rend perplexe, voire dénonciateur. Comme les guérisseurs du fond de l'Afrique noire, comme tous ceux qui, de la Grèce antique aux devins druides, ont eu le pouvoir de se relier avec l'invisible, j'intercède. Je ne suis qu'un intercesseur, à la jonction du ciel et de la terre. Je peux d'ailleurs soulager tant les hommes que les animaux. Je suis aussi capable d'hypnotiser ces derniers. Un jour, j'ai pris conscience qu'il me suffisait de les regarder fixement dans les yeux, et de prononcer, intérieurement, quelques mots, pour qu'ils s'endorment. Je pratique l'imposition des mains, à l'arrière de leur corps, pour éviter une morsure. L'animal s'endort alors, qu'il s'agisse d'un chien, d'un chat, ou d'une autre bête. Je pose alors mes mains sur sa tête, afin de faire cheminer la maladie et de l'extirper de son corps. Je prie. Enfin, je le soulève par derrière avec les mains, et il se réveille.

Je dis toujours la vérité par respect pour la personne ; c'est crucial, car les attentes sont fortes, et les cas parfois désespérés, au regard de la médecine. Le guérisseur authentique ne peut pas se permettre de tromper l'être arrivé au bout de la souffrance, à bout de souffle. Je ne suis pas un charlatan qui promet monts et merveilles, même si la foi, dit-on, soulève des montagnes. Je suis comme un artisan, qui travaille avec ses mains le matériau du corps dont il faut transformer le mal noir, comme les mains des mineurs palpaient, trituraient le charbon dans les galeries lourdes et grasses. J'opère une transformation, à l'intérieur, un peu comme en chimie, quand on passe d'un état à un autre. Le guérisseur, à mes yeux, ne doit pas exploiter la détresse de ceux que la médecine n'a pu soigner et qui n'ont plus rien d'autre à espérer, sinon à espérer l'espoir resté dans la boîte de Pandore. En cela, il ne doit pas demander d'argent. Je transmets l'énergie divine, j'impose mes mains, je n'ai qu'elles à donner, à offrir en sacrifice, pour soulager, sans accepter d'être payé pour cela. J'ai toujours refusé de le faire. Un guérisseur ne doit pas se transformer en marchand du temple qui surfe sur les mille et un visages de la triste détresse humaine. Je m'engage de façon altruiste, le cœur concentré sur l'amour à donner. Un guérisseur, selon moi, ne doit pas faire de la douleur des autres qui s'adressent à lui en désespoir de cause, comme seul salut possible, le terreau d'un enrichissement personnel. En tant que guérisseur chargé d'une mission divine, je ne fais que rendre, humblement, ce qui m'a été donné et qui m'étonne encore. Cela m'étonnera toujours, c'est comme si j'assistais, chaque fois, au lever du premier matin du monde. Je le répète, je me demande chaque jour pourquoi j'ai été choisi pour cela, pourquoi cela passe par moi, comme l'énergie, le souffle, traversent les corps qui sont de simples réceptacles, m'a dit quelqu'un. Au fond, tout se passe comme si le guérisseur avait été élu. Je me souviens de mon instituteur, qui m'a dit, alors que je n'étais allé à l'école que jusqu'à douze ans : « Même si tu étais le dernier à l'école, tu es le premier en humanité. » Cela m'a ému. Mais je ne suis qu'un homme, rien qu'un homme agi par quelque chose qui le dépasse, qu'il ne peut expliquer. En effet le guérisseur n'est pas un être exceptionnel, la seule chose qui fait la différence avec l'être humain habituel, c'est qu'il a un don avec lequel il tente d'aider son prochain, avec le sens de l'écoute, la sagesse, la sincérité que l'agape, au sens de l'amour de l'autre, peut donner : accompagner un malade, c'est être du côté de la joie de donner constructive, qui ne se confond pas avec l'illusion entretenue de façon assassine et dangereuse.

Je pense aussi qu'un guérisseur ne doit pas se mettre en avant, et qu'il n'est pas là pour se valoriser, pour ramener la vedette à lui, pour monter sur un podium. Il est juste cette énergie d'amour qui passe par ce cœur d'homme simple, pour évacuer le mal qui habite la personne demandeuse. Cela se fait. Il est en ouverture, disponible totalement, pour capter la maladie de l'Autre, en s'oubliant lui-même. Il est juste ce corps disponible qui se met à l'écoute d'un autre corps habité par une inflammation. Pour moi, je vous l'ai dit, c'est Dieu qui passe par moi, qui décide de tout. On sait d'ailleurs que cet art du guérisseur n'a pas d'âge, qu'il existe ici et ailleurs, qu'il a toujours fonctionné en marge, d'Occident, d'Afrique en Orient, des druides aux guérisseurs ruraux. Pensons aux écritures sacrées, à l'Évangile et au parcours de Jésus-Christ qui accomplit les miracles de la guérison des malades qui viennent à lui en très grand nombre. Le guérisseur s'inscrirait dans cet abandon à la force d'amour désintéressé de l'Autre, impliqué dans un lien très particulier avec Dieu, relié, pourrait-on dire, au sens du mot latin *religare*, « lier ». Il entretient avec le divin une relation privilégiée. C'est son interlocuteur permanent. C'est en ce sens que l'on peut parler de la dimension miraculeuse de l'accompagnement du guérisseur. Il fait le lien entre le divin, le spirituel et le terrestre, le charnel incarné. Aussi la prière est-elle la langue d'amour qui s'adresse à Dieu et qui, prononcée dans une sorte de rituel intériorisé, s'invite, pour soulager la personne du mal qui l'abîme. Cette prière puise ses forces vives dans le puits profond de la foi du guérisseur sans cesse renouvelée, travaillée à l'intérieur de soi, entretenue comme une fleur rare et précieuse. Depuis ma visitation qui eut lieu alors que j'avais neuf ans, je conserve en moi, comme un diamant précieux de lumière, les trois mots donnés, qui sont mon secret de guérisseur : ce sont trois mots donnés pour moi par le Christ qui m'apparut dans sa tenue splendide de lumière, couleur de vie. Repousser les ténèbres de la maladie par des mots habillés de cette lumière : tel est mon credo.

Je pourrais dire aussi que le guérisseur ne se confond pas avec tous ces mots qui figurent au registre de l'irrationnel, des soins différents, tels magnétiseur, voyant. Tout est devenu matière à instrumentaliser la souffrance humaine, dans la mesure où les repères anciens ont éclaté, dans un siècle où tout s'accélère, où la course à l'argent et à la rentabilité laisse des gens exsangues sur la grève : pris à la gorge, somatisant leurs angoisses de la précarité, du spectre du chômage, parfois handicapés de l'amour, dans la famille ou le couple, des êtres qui ont sombré dans la maladie sont prêts à tout croire, pour penser que leur vie, leur santé, vont s'améliorer. Alors ils sont prêts à payer un prix exorbitant ce qu'ils croient être un peu de sécurité intérieure, qui ne s'avère qu'une illusion savamment vendue et empaquetée. Ainsi en va-t-il de ces marchands dangereux d'illusions qui se font payer pour offrir des objets totem, et autres pierres en forme d'objets de transfert fétichiste, contre chèques et espèces. Ils sont dangereux car ils induisent une dépendance psychique forte de ceux qui sont tombés dans le piège tendu, lequel leur a coûté très cher, à plus d'un titre : ils perdent leur argent, leur temps, leur autonomie psychique. De plus, le soulagement n'est pas toujours au rendez-vous. Oui, la souffrance non dépassée de nos frères les humains est devenue une industrie, c'est une véritable manne en forme de caverne d'Ali-Baba. Ces pratiques-là ne peuvent pas s'apparenter à celles des guérisseurs désintéressés et humbles, sans certitude. Enfin, je pense que la pratique des magnétiseurs diffère de la mienne, dans le sens où, si je déleste les personnes de leur mal, je ne le prends pas pour moi : à chaque consultation, le mal extirpé chez l'autre ne fait que transiter par moi, qui l'évacue littéralement, par la sudation qui s'opère au creux de mon aisselle droite : je peux ainsi perdre des quantités d'eau et maigrir énormément. Aujourd'hui, alors que l'âge me grignote un peu plus chaque jour, je reçois moins de personnes journellement, car j'ai besoin de récupérer.

En tout cas, toute ma vie, j'ai tenté de changer la « boue » qu'est la maladie en « or » d'amour du soulagement, m'a dit quelqu'un en reprenant les mots d'un poète, Charles Baudelaire. Je ne supporte pas la souffrance des autres, comme je ne supportais pas la douleur noire qui marquait les corps des hommes, dans la mine. Alors je m'emploie depuis des décennies à la gommer, à l'évacuer, du mieux possible. Et en m'adressant à Dieu, je me régénère, je me recharge, de l'intérieur, mon énergie circule mieux et je recommence, les mains tendues, pour capter la douleur, la circonscrire. Mais je ne suis pas un surhomme, ni un être extraordinaire. Je suis toujours le même qu'avant le don. Je suis juste totalement engagé, corps, cœur et âme, impliqué jusqu'au tréfonds de mon être juste, pour que cela traverse et profite à autrui. Cela se fait malgré moi.

Être guérisseur, c'est aussi une façon, peut-être, de faire la nique à la mort, de lui faire un pied de nez, de faire revenir la lumière en tentant d'annuler le noir qui mange les corps malades, comme la mine sombre menaçait les mineurs de les dévorer, d'un grand coup de gueule vorace. C'est peut-être cette conscience de la douleur des travailleurs dans les mines, et celle qui faisait mon quotidien, tout jeune et à quatorze ans, âge auquel j'ai travaillé là où mon père s'était abîmé, qui m'ont engagé aussi dans cette voie du soulagement. Même si je répéterai jusqu'à ma mort que ce don qui me fut donné par Dieu reste mystérieux. Comme les cathédrales s'élèvent, tension pure vers la lumière divine, avec mes mains, je livre un combat contre la maladie, pour repousser les ténèbres de la mort noire. Oui, c'est elle que j'ai vue à l'œuvre, tout petit, dans les mines, elle creusait son trou dans les corps fatigués, sur les visages entamés par le labeur dur. Elle prenait son temps, la garce, mais elle arrivait à ses fins par des chemins détournés : alcoolisme, maladies pulmonaires, usure physique. Ce don des mains imposées m'a permis de tenter, à la mesure de ce que je suis en tant qu'humain missionné par Dieu qui habite mon cœur pour la vie, de repousser le moment de la mort. Les témoignages chaleureux, par lettre ou coups de téléphone, de milliers de personnes écoutées depuis plus de soixante ans sont autant de sursis obtenus. Mes mains offertes seraient une « politesse du désespoir » face à la douleur humaine. Ces mains sont un peu comme le grand éclat de rire des sorcières face à la mort, lors de la fête d'Halloween qui m'a marqué. Au fond, je ne sais pas grand-chose si ce n'est qu'il m'a fallu, ma vie durant, en passer par là : être guérisseur, un « grand cœur d'amour simple », disait une dame que j'ai soignée d'une brûlure au troisième degré. Guérisseur, pour passer de la maladie à son amélioration, du désespoir à une meilleure santé, avec des mains qui captent les inflammations des corps, gratuitement.

SECRETS D'ACCOMPAGNEMENT ALTERNATIF DES MALADIES

Accueillir les malades, à la façon d'Oscar Coupé

Comment viennent à moi les êtres en souffrance

Je voudrais vous dire d'abord que cela a commencé par mes proches, après mon expérimentation sur des bêtes, souris et autres chiens mal en point. Petit à petit, d'autres personnes du village sont venues à moi, au bout du rouleau, en désespoir de cause, sans plus d'espoir. J'ai toujours eu conscience de ce que cela représente que d'être arrivé au bout de cet espoir d'amélioration. Alors je fais attention à ne pas jouer avec cela. C'est très grave. Je le répète, on ne peut pas mentir à des êtres qui avancent sur le fil comme des équilibristes dont chaque pas en avant est une prise de risque avec le grand vide. Simplement leur douleur corporelle, leur peur de mourir et d'avoir encore mal, viennent à la rencontre de mes mains guidées par la foi. Face au désespoir, il n'y a que la foi comme réponse possible, la foi intérieure qui agit, la foi en actes. Un socle fort, qui résiste à toutes les tempêtes de la vie. Un socle sur lequel il est possible de revenir, pour s'y reposer, s'y raffermir. J'ai raconté dans mon précédent livre comment les malades sont venus, en nombre croissant, au début, à Courcelles-lès-Lens, dans la maison de mes parents. Petit à petit, ils sont venus de plus loin, de bien plus loin. J'ai expliqué aussi qu'à l'âge de quatorze ans, j'ai commencé à travailler dans le coron le matin, pour soigner gratuitement à mi-temps. En tant que galibot, j'ai appris l'extrême difficulté de ce métier qui m'a donné aussi la volonté de libérer quiconque de ses douleurs. Je me suis trouvé confronté aux misères engendrées par le dur labeur des mines laissant leurs fatales traces, non décelables pour l'œil, sur les poumons dévorés par les pneumoconioses. Oui, dans les reins noirs de la mine, des hommes, les mains palpant le charbon, ont vu leurs poumons attaqués par ce mal redoutable. J'ai pris cette réalité-là pleine face, plein cœur. Pourtant, j'ai su résister, confronté au mal noir, ma foi vive plantée dans la chair de mon cœur lumineux, et prêt, chaque après-midi, à offrir les mains blanches du don pour soulager mon prochain, sans que jamais le noir des abysses vienne entamer cette passion. Ce fut ma « saison en enfer », aurait pu dire le poète Rimbaud, qui n'a fait que renforcer ma ferveur de guérisseur.

Ma vie a changé, l'ai-je dit, lorsqu'après avoir soigné des enfants d'un directeur d'usine, j'ai comme extirpé la douleur, sans l'avoir demandé, de ces profondeurs sombres comme le jais qui érode, d'année en année, la santé. Au fond, cela s'est passé un peu comme une « extension du domaine de la lutte », comme ce titre d'un ouvrage d'un romancier contemporain qui, m'a-t-on dit, fait beaucoup parler de lui. Moi j'avais été mis sur la voie, pour récolter les vendanges du bouche à oreille. La venue à moi des malades, c'est un peu comme un cercle concentrique qui se serait élargi, quand on envoie au milieu d'une mare un caillou. À la surface, l'onde s'élargit insensiblement. Les proches auraient constitué d'abord un filet d'eau, puis ils seraient devenus rivière, s'élargissant aux villages alentour, avant de rejoindre un vaste fleuve ouvert sur la France entière. Enfin le fleuve s'est jeté dans la mer des pays européens et d'ailleurs. Au début, des Italiens sont venus à moi, puis ce fut le tour des Espagnols et des Portugais. Des Luxembourgeois, des Irlandais, des Belges, s'y sont ajoutés. Au total, ce sont des milliers de gens qui pourraient faire le tour de la terre en se donnant la main, des plus petits aux plus grands, quelles que soient les nationalités, les couleurs de peau. J'eus la chance, un jour, d'être relayé par les médias, qui allaient m'aider à faire venir à moi encore d'autres gens en souffrance. Après une journée de reportages effectués par des journalistes à mon domicile où défilèrent plusieurs dizaines de malades, quinze minutes furent diffusées à une heure de grande écoute, sur la chaîne TF1. Cela eut pour conséquence de faire affluer vers moi une foule de malades, parmi lesquels des personnalités...

Qu'ils aient du pouvoir, de l'argent, qu'ils soient fils ou fille de personne, sous les feux de la rampe, ou simples anonymes : tous, venant à moi étaient démunis, ramenés à « l'humaine condition », celle de l'impuissance devant la maladie. Je me souviens de cette belle rencontre avec la famille Zavatta : j'ai soulagé le grand pantomime ainsi que ses fils. De fil en aiguille, et par la voie du bouche à oreille, j'ai aussi aidé des membres de la famille des Bouglione, Amar et Pinder. J'ai eu la joie d'approcher ces gens du cirque, dans l'Europe tout entière, de ces gens qui vivent une des dernières aventures de la liberté. J'ai aussi contribué à délivrer de soucis de santé ceux qu'on appelle les gens du voyage, que je rencontrais au hasard de mes déplacements en camping-car. J'ai tissé avec eux un lien fort, très particulier, qui a laissé des traces sensibles dans mon cœur. Sens de la solidarité, disponibilité chaleureuse, spontanéité et authenticité des échanges : c'est ce que je retiens de mes rapports avec eux. D'autres personnes connues, vivant sous les feux de la rampe, m'ont sollicité, mais je tairais leur nom pour les préserver, par souci de confidentialité. Il me faut aussi parler de cette extraordinaire histoire qui m'a été donné de vivre, je veux dire celle qui m'a permis d'accompagner à distance Jean-Paul II. Je lui avais envoyé l'un de mes premiers ouvrages, et je reçus en retour un courrier de son secrétariat. Ce fut ensuite en 1997 que deux personnes allaient contribuer à me faire approcher le pape. En effet, j'eus la grande joie de me voir attribuer sa photographie : il me fut demandé de l'accompagner, en dispensant, à distance, mes soins : il était déjà assez affaibli. C'est ainsi que pendant des années, j'ai mis mon don au service du Saint-Père que j'ai accompagné, de loin, mais avec le cœur engagé, jusqu'à sa mort.

J'aide encore aujourd'hui, même si je ne peux plus recevoir autant de personnes qu'avant, vu que l'âge avance, toute personne, quelle que soit son appartenance sociale, sans jugement, ni régime de faveur. Certaines ont voulu me laisser des fortunes pour me remercier, pourtant je n'ai jamais accepté un denier, ni un franc, ni un euro. En tout cas, je me moque de leur chemise, mais m'intéresse seulement à leur peau, pour parler symboliquement. Je les approche du côté de l'intime de la chair qui souffre, au-delà des apparences. Même s'il m'est arrivé de rencontrer des personnages éminents, connus sur la scène médiatique ou pour leur statut social. Cela ne m'a pas fait agir ni penser autrement. J'ai oublié cette dimension, ils n'ont été à mes yeux que des êtres qui ont mal et que les apparences lumineuses de leur statut n'ont en rien aidé à s'en sortir. Face à moi venait juste un humain, rien qu'un humain, placé face à sa fragilité. La maladie nous rend tous égaux : c'est ce que je pourrais dire, pour transformer les paroles de l'écrivain Mme de Sévigné qui disait en son temps que c'était la mort qui nous rendait tous égaux.

Oui, cela ressemble un peu à ce qui est écrit dans les Évangiles. Il faut simplement laisser venir à soi les petits enfants…

et les grandes personnes. Les enfants, les femmes, les hommes, jeunes ou âgés, je les accueille à bras ouverts, ce sont mes gerbes de lumière. J'essaie de changer l'eau en vin, comme dans le miracle des noces de Cana. Par mes mains, par mes prières, en tant que bénévole de Dieu qui agit à travers moi, je remplis les filets vides de poissons, pourrait-on dire, pour reprendre la parabole. À ceci près que le filet qui se resserre est la maladie, et que le soulagement qui s'accomplit sans que je sache pourquoi se traduit par une meilleure santé. Moins de douleur et un sursis de vie parfois accordé : ce sont les poissons du filet. Je souligne que je ne vais jamais chercher les personnes que le destin me permet d'accompagner sur la route de leur passion, c'est-à-dire, au sens christique, de leur souffrance. Le premier rendez-vous est toujours le fruit de leur initiative. Je suis simplement là, à leur demande. Rien de plus. Je n'ai malheureusement pas la possibilité de recevoir aujourd'hui tout le monde, tant les demandes sont multiples. Je voudrais que ceux qui trouvent mon répondeur téléphonique saturé me pardonnent. Pour eux, mon plus grand vœu serait de pouvoir faire construire une chapelle, qui me permettrait, par la prière, d'accompagner des centaines de personnes réunies. Je me souviens que tant de décennies durant, j'ai, d'heure en heure, accueilli des files de malades attendant patiemment, dans le lieu où j'intervenais, que je les rencontre pour les aider. Ils sont tant à être parfois revenus, une fois, deux fois, car c'était nécessaire. J'ai fini par trouver d'autres moyens de soulager mes frères humains. J'ai adopté la consultation téléphonique, qui me permet de rappeler la personne que je prends en charge. J'envoie aussi parfois par la poste des paquets contenant le coton ou l'huile d'amande douce que j'ai travaillés pour transmettre l'énergie qui permet d'améliorer l'état de santé de la personne demandeuse. Je parlerai, plus loin, avec précision de ces aides aux soins dispensés.

Éclairer quant à l'accueil préliminaire fait au malade

Insistons sur un élément : le fait que ce soit la personne qui me sollicite est déjà un pas vers le mieux-être, car elle s'engage selon sa propre volonté, même s'il s'agit du dernier voyage de l'espoir, après les déceptions et le désespoir engendrés par l'échec de toutes les autres tentatives. Il me faut maintenant expliquer de quelle façon j'accueille la personne qui me sollicite, souvent, je le rappelle, parvenue au bout de tout ce que la médecine a pu proposer, pour améliorer son état, la sortir de la maladie qui creuse son trou. Au bout du téléphone, il y a, d'abord, une voix, anonyme, mais chargée de toute une histoire, de l'histoire d'une vie, de l'histoire d'un mal qui n'en démord pas. La voix me parle de ce mal qui s'accroche, qu'il s'agisse d'une maladie de peau comme le psoriasis, d'un asthme, d'une bronchite chronique, d'un rhumatisme têtu. Elle me dit avoir épuisé toutes les solutions proposées par l'allopathie, voire par d'autres médecines parallèles. Elle répète qu'aucun remède n'en a été un, que des sommes importantes ont parfois été investies, pour s'en sortir autrement, par une voie parallèle. Sans succès. La voix qui parvient à mon oreille porte en elle les stigmates de la souffrance, cette bête qui dévore sa proie à bouchées gourmandes. Elle se joue de toutes les tonalités pour traduire les émotions : elle est tantôt filet plaintif, tantôt elle rompt les amarres par la colère contre le destin, la médecine, le mauvais sort qui s'abat. Elle est parfois timide, à n'en pas oser, à bredouiller, ou gémissante, pâle relais de la douleur à bout de souffle qui s'énonce comme elle peut, voix cassée, voix brisée, voix réduite à un souffle. J'écoute, j'accueille, l'oreille ouverte, en grand, l'oreille offerte. La voix dépose ce qu'elle a à déposer. Elle dit aussi avoir entendu parler de moi, de mes mains qui guérissent, de mon don de guérisseur, de ma proposition d'aide gratuite. Gratuité du geste qui soulage, ou « donner à voir » comment on peut se donner, ou plutôt donner ce qui passe par soi, sans rien attendre. Comprendre à quel point l'aubaine d'un sourire, d'une lettre de reconnaissance, du cadeau de la santé améliorée est une richesse de cœur qui ne s'achète nulle part. Cela vient juste trouver sa place au fond du cœur, comme un joli bijou de lumière ornerait le cou d'une femme. Cette richesse n'est pas de l'ordre d'un bien tangible, de la chose possédée, détenue, elle est d'une autre dimension, intangible. Elle est l'inexprimable joie de l'être qui se sent relié à l'Autre.

Je rassure alors, en disant que je suis prêt à recevoir, à accueillir, tout en expliquant que je vais tenter de faire ce que je peux, à la mesure de ce qui est possible. Comme je l'ai dit, je ne prétends pas être un dieu miraculeux, un Jésus qui guérit les foules, les paralytiques ou les lépreux. Je dis juste que je propose une alternative, mais que je ne promets rien, que je ferai de mon mieux. Je propose alors, quand c'est possible pour la personne, un rendez-vous chez moi. Pendant des années, naguère, je me suis déplacé pour aller vers ceux qui souffraient, avaient besoin de ma présence active. Je conserve intact le souvenir de ces kilomètres accomplis sur les routes de la passion d'avoir à soulager autrui. J'étais comme porté par cette nécessité, cette urgence du don. Oui, quand c'était vital, je me jetais sur les routes, ce fil qui allait me relier à un être en détresse, avec ma foi ancrée dans les profondeurs de mon cœur. Je n'hésitais pas. Quel que soit l'endroit où j'intervenais, l'important pour moi était qu'il y ait une trace visible de la présence de Dieu, qu'il soit en quelque sorte incarné symboliquement. Aujourd'hui, encore une fois, l'âge me rattrape, et j'accomplis beaucoup moins souvent ces voyages dans l'automobile du cœur, alors que je pouvais opérer ainsi, par le passé, environ deux fois par semaine.

Le jour de la rencontre, j'ouvre la porte à l'être qui attend beaucoup, parce que tout a échoué. Il arrive à moi avec son espoir enfoui, son espoir caché, son ultime espoir. Parfois il n'attend plus rien, et pourtant il vient. Il est là. Présence en point d'interrogation. Sa présence chez moi parle de sa volonté farouche de s'accrocher à la vie à la force de ses ongles, comme on s'agripperait à la terre en sentant que le vide menace. Oui, c'est ce jour-là que commence cette aventure humaine et de cœur qu'est, chaque fois, la rencontre avec un malade. Je prends d'abord de plein fouet un visage qui m'interpelle. Ce visage dit beaucoup de la personne sans qu'elle parle. Des traits crispés, des cernes profonds, des lèvres serrées, vous racontent dans le silence toute la souffrance accumulée. Il est d'abord question d'un regard. Il y a des yeux, qui parfois rentrent dans les vôtres, bourrés d'anxiété, éteints par la lutte contre le mal qui gagne. Des yeux d'attente vive. Ce sont des yeux qui parlent sans rien dire de ce qui est inexprimable : le désarroi, le découragement, la peur de ne pas sortir du tunnel, la peur de la mort qui pourrait gagner la partie face à la vie. Parfois ces yeux ne vous regardent pas en face, ils échappent, à droite, à gauche, comme affolés. Ils sont vides de lumière. La flamme de la vie en semble éteinte. D'autres se font observateurs, ils examinent mon univers familier, contemplent les statues de la Vierge, l'Enfant Jésus et Joseph. Ils regardent les bougies, le tableau du Christ penché au-dessus du lit d'un malade, ou encore les portraits de quelques notoriétés au grand cœur, et les lettres de témoignages encadrées et offertes au regard, contre le mur. Alors je ne laisse pas trop longtemps le silence anxiogène s'installer. Je mets à l'aise, simplement, j'accueille avec des mots sobres, j'invite d'un geste de la main à entrer, à s'asseoir, à se détendre. Je souris, j'accompagne mes mots d'un regard chaleureux, un peu comme un feu dans la cheminée accueillerait le visiteur las, venu de loin, après des kilomètres dans une nuit opaque.

Il faut d'abord se rapprocher par des mots, pour casser le silence, l'attente, la glace, parfois. Les mots, cela relie, après le langage des yeux, ils sont nécessaires pour faire surgir des pans d'histoire, une histoire de souffrance, toujours singulière, toujours différente. Même s'il ne s'agit que d'un rhume, ou de verrues à faire disparaître. Derrière la maladie, il y a des émotions parfois non exprimées, des émotions noires qui ont creusé leur lit dans le corps. Ces émotions non dites ont parfois formé des abcès invisibles. Il faut rassurer, en étant disponible pour l'écoute attentive, relevant de l'empathie : je suis alors une présence forte, en forme de grande oreille prête à entendre, tout ce qui peut se dire. Être à l'écoute, donc. Comme ma mère courage, qui savait si bien écouter, m'écouter. Il faut laisser, de bribe en bribe, d'une pièce à l'autre, se reconstituer le grand puzzle d'une vie qui a fait mal. Je laisse parler, et les mots montent. Il y a les mots qui parlent de la douleur physique qui dure, encore et encore, il y a les mots qui se font murmures, à peine audibles, d'autres qui tonnent, éclatent d'une colère qui parle de la peur. Certains expliquent tout ce qui a été tenté du côté de la médecine officielle et des médecines parallèles. Je laisse s'écouler le flux de mots, je m'efface, j'entre dans l'intériorité de la personne, suis en empathie. Entendre c'est déjà se préparer à détecter, pour la recevoir et la faire transiter par soi, la maladie qui couve. J'essaie de rassurer, par des mots qui apaisent, engagent à décompresser, à se détendre. Je pose des questions sobres, invite à se confier, à s'épancher, à se dire. Un visage, un regard, des mots qui expriment des émotions : ce sont les premiers contacts qui me mettent en résonance avec la personne, me permettent, avant les soins proprement dits, de me relier à elle. Je l'investis, en quelque sorte. Je me mets au diapason de ce qu'elle est, pour pouvoir en capter les vibrations intimes. Il va s'agir d'approcher la maladie de l'autre, de l'affronter, pour essayer de la faire reculer, de soulager. Au fond, les mots de l'autre m'offrent des éléments d'une personnalité, d'une psychologie humaine, me permettant de découvrir, au sens étymologique d'enlever la couverture. J'entre en exploration, je recueille des informations, mais je ne donne pas de conseil d'ordre psychologique. Je me relis juste à l'individu entamé par la souffrance. Il me parle de son mal, de ce qu'il ressent, de la façon dont il souffre. Mon approche est d'abord intuitive et humaine. Évidemment, je ne dis pas l'impossible, ni ne donne de faux espoirs, ce qui serait assassin. Je suis évidemment en lien avec ce qui, à travers moi, relève du sacré, et qui me demande de donner à la personne qui me sollicite. Cet interlocuteur sacré mais invisible qui loge en moi, dans mon intimité profonde, m'invite, chaque fois, à mettre mon don au service d'autrui. Tout ce qu'il me demande, je le donne. Le soulagement à venir, par les soins à proprement parler, passera toujours par le cœur, par Dieu, comme je l'ai expliqué.

Une rencontre humaine, très humaine, de la maladie

Cette rencontre sera évidemment éphémère, même si certains malades reviennent me voir une ou deux fois. C'est aussi parce qu'ils ne sont que de passage que la rencontre est d'une densité qui a tout du roc. Aussi est-ce, chaque fois, d'un visage à l'autre, une nouvelle aventure humaine. J'ai enfoui dans la mémoire vive de mon cœur des milliers de visages, passés de l'obscurité de la maladie à la lumière blanche du soulagement. Ce sont de petites bougies intérieures qui m'éclairent. Après des décennies de soins prodigués, ces visages se sont estompés, délavés par le temps. Je sais simplement que j'ai fait pour eux tout ce que j'ai pu, ce qui m'était dicté, à l'intérieur, avec mon don comme outil. Il m'est arrivé de tisser des liens d'amitié avec certains. Ce qui est merveilleux relève de ce qui m'est renvoyé, sans que je n'attende rien en retour. Mon cadeau, c'est le soulagement qui s'opère, le fait que la maladie ne gagne pas de terrain, que les personnes souffrent moins. Leur sourire, en face de moi, ou qui transparaît dans la voix, au téléphone, quand elles m'appellent pour me remercier, l'éclat qui s'allume dans leurs yeux, la vie qui s'engouffre à nouveau en elles : tout cela est un cadeau précieux, inestimable. C'est de l'amour qui s'exprime comme un feu d'artifice du cœur. Oui, les grands malades laissent une empreinte, c'est comme s'ils me renvoyaient une sorte de contre-don.

Ce serait comme une histoire de troc : un échange qui se fait naturellement, sans que je ne demande rien : je les accompagne quant à l'amélioration de leur santé, et nombreux parmi eux me renvoient des marques de gratitude, de reconnaissance. Ne perdons jamais de vue que je suis leur ultime chance, la dernière, celle de l'énergie du désespoir de n'avoir pu trouver un remède à leur maladie, cette misère du corps. Je rappelle aussi que je ne leur demande jamais d'arrêter leur traitement médical, s'ils en ont un, et les engage systématiquement à consulter leur médecin. Je ne suis que la vie parallèle de leur cheminement, de leur combat face à la maladie. Je suis à la marge. Mon domaine d'intervention relève d'autre chose que des possibilités humaines terrestres rationnelles. Les malades se tournent vers moi quand tout le reste s'est effondré, a révélé son impuissance absolue. Évidemment, leurs remerciements sont aussi le résultat de leur surprise, face à l'extraordinaire qui surgit et change leur vie. Ces remerciements me touchent, même si l'essentiel à mes yeux est que les malades se sentent mieux.

Pourtant, je ne suis, je le disais, que traversé par ces histoires d'êtres venant à moi en nombre et qui me font songer aux récits de la vie de Jésus que nous racontait ma mère, dans mon enfance. Si je suis humainement bouleversé par chaque rencontre, je dois aussi, et c'est la vie, laisser ceux que j'ai accompagnés retrouver leur propre vie, sans qu'ils soient accrochés à moi. Une santé meilleure est une nouvelle liberté à vivre, dont j'aurais été en quelque sorte le passeur. Ce sursis de vie, cette paix gagnée, ce soulagement physique lié à la disparition de l'inquiétude, sont des rampes pour se relancer dans la vie. Cela m'échappe. Un peu comme m'échappe ce don qui agit à travers moi, l'être humain étant d'une telle complexité, comme son cerveau sur lequel les chercheurs se penchent, sans en avoir encore élucidé tous les mystères. Si les personnes venues à moi ne font que transiter par moi, c'est bien comme cela. Je ne dis pas que je les oublie, au sens où elles m'indiffèrent, mais je n'ai été que l'instrument de leur mieux-être, même si ce sont le cœur et la compassion humaine qui m'y engagent. Simplement, ces personnes sont passées par moi, qui les aide gratuitement à gagner une autre rive, celle d'une lumière de vie, d'une énergie recouvrée. C'est l'essentiel. Je peux alors m'effacer. Je ne suis pas un gourou, ni un faiseur, ni quelqu'un qui cherche à obtenir quoi que ce soit d'autrui.

Je veux revenir aussi sur l'accueil que je peux faire autrement, qui passe par le fil conducteur du téléphone. Je reçois des centaines d'appels par jour, et j'appelle aussi à l'hôpital. La parole qui apaise, par téléphone, c'est mystérieux. Il y a de l'attente vive du malade qui a épuisé toutes les autres ressources, avant de venir à moi. Comme je ne peux recevoir tout le monde tant les demandes sont nombreuses, il m'arrive donc de travailler par téléphone. La prière a assurément un rôle essentiel. Je me concentre alors sur les mots transmis lors du second rêve qui s'était ouvert sur la vision me donnant les secrets de ce don qui allait me permettre d'aider, en homme de bonne volonté, mon prochain, mon frère en humanité. Je psalmodie, très concentré, en lien direct avec le sacré, autre terme, finalement, du mot « amour », les trois mots secrets entendus quand j'étais petit ; je dormais alors dans un lit douillet et si inhabituel pour moi, chez une cousine qui ne connaissait pas la pauvreté. Je suis intervenu, par exemple, par téléphone, pour une personne atteinte d'un traumatisme crânien, avant qu'elle ne passe un nouveau scanner. Je lui ai demandé de placer sa main gauche sur la tête. Puis je me suis concentré, devant le combiné du téléphone, en répétant intérieurement les mots de ma prière. J'ai demandé à cette personne si elle ressentait de la chaleur sur la tête, ce qui était le cas. Elle a dit se sentir mieux, après la prière. Un nouveau coup de téléphone a eu lieu. Je dirai plus loin comment et pourquoi j'envoie par la poste du coton ou de l'huile travaillé avec mes mains qui font passer leur énergie, à des malades, en France et ailleurs. Oui, mon don qui accueille gratuitement passe par plusieurs chemins : rencontre à domicile, conversation téléphonique parfois renouvelée, envoi par la poste.

Accompagner et soulager les malades, ou les secrets de guérisseur d'Oscar Coupé

Mes secrets d'approche de la maladie qui habite les corps : Des mains offertes à la prière…

J'accompagne le malade par cette volonté intérieure fervente qui fait passer ce que certains appellent un fluide, et qui vient de moi-même, des profondeurs de mon être. C'est un vrai mystère. Il est difficile d'en parler, puisque cela agit à travers soi, malgré soi. Vous êtes porté par vos mains, emportées par elle, pour soulager. C'est plus fort que vous. C'est là. Il faut chaque jour offrir ses mains, par un geste répété des milliers de fois, pour que s'accomplisse la transformation, dans le corps en souffrance. C'est comme une force intérieure, un concentré d'énergie qui se transmet à celui qui a sollicité mon aide. Je ne fais que faire agir, laisser s'accomplir ce don qui m'a été attribué en agissant à mains nues. Quelle importance, quel cadeau précieux, dans ma vie de guérisseur qui n'est pas faite pour autre chose que cela. Je n'ai que mes mains à offrir. Elles me dominent, elles m'emportent au-delà de moi-même. Je m'y abandonne, je les laisse faire leur travail. Elles sont des guides infaillibles, des phares lumineux. Je m'en remets à elles pour qu'elles accomplissent l'inexplicable. Ce sont des mains de lumière. Je lutte avec elles contre le désespoir, le désarroi, la misère ordinaire de mes frères les hommes. J'en ai tant vu, dans l'enfance et au-delà, de mains noires d'hommes en douleur, leurs doigts noirs engagés dans le charbon qui tue, contamine les poumons d'un mal invisible qui terrasse. Au bout des mains noircies qui triturent, qui palpent le charbon de la mine, il y avait la pneumoconiose comme cadeau empoisonné. Offrir des mains blanches, à poser sur les têtes des hommes que la mine entame : j'ai eu cela dans la peau, très tôt. Je me souviens aussi, cela remonte comme une giclée de boue sombre dans ma mémoire, d'un inconnu, totalement ivre, qui me frappa à la tête, d'un coup de bâton. Douleur sans nom. Il est apparu comme dans un cauchemar, me laissant dans le désarroi, l'incompréhension. Moi je cherche à apporter la paix, en plaçant mes mains sur les têtes en souffrance. J'ai appris que sur des bas-reliefs égyptiens figurait un personnage aux mains tendues vers un autre personnage assis. On peut observer que part de la première un flux des croix ansées représentant une forme d'énergie vitale, que j'appellerai moi énergie divine : c'est, à mes yeux, celle du cœur qui passe par mes mains, à mes yeux.

Si la séance se déroule à mon domicile, une fois le contact établi par la parole, je me contente de poser la main sur la tête de la personne. Je suis alors concentré, je ne suis plus que ce geste, rien que ce geste, tout se passe comme si je m'oubliais, pour n'être plus que cette main qui entre en contact, se relie à l'autre. C'est un peu comme si, à force d'avoir fait des gammes, j'étais devenu ce geste. J'accomplis juste ce que Dieu m'a demandé, je suis son instrument au service du mieux-être d'autrui. Oui, c'est cela, je ne suis plus qu'une main qui écoute, attentive, réceptive. Le lecteur sait peut-être qu'imposer les mains pour soulager ne date pas d'hier. J'ai entendu dire qu'un égyptologue allemand avait découvert un papyrus remontant au XVe siècle avant J.-C., sur lequel il était mentionné, en hiéroglyphes qui ont été traduits, le message suivant : « Pose ta main sur la douleur, et dis très fort que la douleur s'en aille. » En France, des rois comme François Ier, Philippe le Bel étaient réputés pour accompagner certaines douleurs de cette façon. Ils étaient d'ailleurs élus s'ils avaient la capacité de guérir les fameuses écrouelles. Oui, depuis des siècles, l'imposition des mains a permis de venir à bout de brûlures, de certains eczémas, de zonas, de verrues. Moi je ne suis pas un roi, j'ai juste été choisi, pour une raison que j'ignore, par Dieu qui a envoyé Jésus afin de m'en parler dans un rêve nocturne. Jésus lui-même savait poser très doucement sa main sur les malades pour les aider à retrouver leur santé. Il suffit de lire la Bible. C'est un peu comme si j'étais le dépositaire non conscient d'une tradition qui est vieille de longs, longs siècles. Je suis un intermédiaire, un outil de plus, qui se recharge à la source de Dieu, des grands courants du Cosmos qui m'environne. Je suis un capteur. Accompagner la maladie, cela ressemble à une histoire de ressenti d'énergie à débloquer, à faire mieux circuler. Cette énergie intérieure va tenter d'expulser celle qui est détériorée à l'intérieur de la personne accompagnée.

Comme je crois que c'est le cerveau qui conduit la maladie, en mettant les mains sur la tête du patient, je capte les radiations du corps. Je capte des ondes. Le mal se réveille alors comme une petite bête en boule se mettrait à bouger. Je vais à lui, je vais le chercher. Mentalement, je peux visualiser la maladie, lui donner un nom, une identité. Je parviens à identifier la région où sévit le mal. Je le localise. Mes mains vont l'attirer à moi, tant elles sont chargées d'énergie vitale, pour moi d'essence divine. Quelqu'un m'a parlé de la médecine chinoise. Par le centre des paumes, il serait possible de transmettre ce que les Chinois appellent le Ch'i, c'est-à-dire l'énergie vitale. Lorsque ce Ch'i abonde, le corps peut jouir, m'a-t-on dit, d'une santé florissante, tant la charge positive de vie entraîne la vie, tant et plus. Celui qui travaille sur ce Ch'i, m'a-t-on dit, doit consolider sa propre énergie afin de pouvoir en réinvestir le surplus, dans la personne aidée, par l'application de la paume des mains. Celles-ci permettent de faire circuler l'énergie, à l'intérieur, dans les méridiens du corps, un peu comme l'acupuncteur travaillerait avec ses aiguilles. Si je compare cette action à la mienne, je dirais que l'énergie qui passe par mes mains est simplement portée par ma foi d'amour entretenue. De plus, et c'est différent, ces médecins chinois font un travail sur l'énergie intérieure de la personne. Moi, je m'emploie à retirer le mal, qui transite par moi pour me quitter ensuite. Mon énergie divine de guérisseur ne fait qu'essayer d'expulser l'énergie dégradée dans le corps du malade qui ne fait que me visiter, passer par moi avant d'être ensuite évacuée par la sudation.

Une histoire de cœur qui passe par le corps

Vous l'avez compris, lecteurs, je me sers de mon corps pour faire parler mon cœur, mon don passe par là, et cela commence par les mains qui imposent, qui entrent en contact avec la tête du malade. D'un corps à l'autre, donc, pour découvrir, lire avec le langage de mes mains, circonscrire. Entre les deux corps, celui du malade et le mien, il n'y a qu'un lien comme fil conducteur, celui des doigts. En revanche, de mon côté, je ne ressens rien lors de ce contact tactile. Aucun picotement ni fourmillement ne traversent mes mains. Ce sont les malades qui sont dans la sensation ; la partie atteinte du corps se met à chauffer, oui, et c'est d'une chaleur irradiante dont il est question : la température de la région en souffrance dans le corps s'élève. Je dis toujours que c'est la chaleur du Seigneur qui donne la chaleur. C'est alors que commence ce que j'appellerai le voyage de la maladie. Je reste toujours concentré, les mains posées sur la tête du malade, et je prends alors le mal qui va la quitter, pour transiter par mon propre corps. Je laisse mes mains agir durant vingt à trente minutes. Le patient ressent parfois des picotements, dans les doigts, parfois dans la jambe. Certains sont traversés par des tremblements, dans les mains, dans les pieds. Des malades disent que cela bouge, à l'intérieur d'eux-mêmes. Ce mal, je le récupère, le prend pour moi, pour qu'il chemine, d'étape en étape, qu'il passe du corps en souffrance au mien, par le canal de mes doigts. Pourtant, je ne le garde pas, non, il ne vient pas creuser son nid en moi, se loger, changer de demeure. S'il continue son voyage à travers moi tandis que le malade peut connaître des bouffées de chaleur, mon corps n'est qu'une étape, un lieu de passage : il ne se retourne pas contre moi, qui n'ai pas connu la maladie, et qui jouis d'une santé extraordinaire, comme je l'ai dit dans mon premier ouvrage. Il existe une manifestation concrète de ce qui me fait dire que le mal extirpé transite seulement par moi pour finir par me quitter. Lors de ce passage, de ce voyage du mal, je suis saisi d'un étrange ébranlement de tout mon être, d'une sensation extatique, peu dicible. Cela ne se décrit pas, c'est de l'ordre d'un frissonnement divin, tandis que je tire, j'extrais le mal de la personne. Voilà comment ce mal, ce feu que j'enlève, par exemple, à un grand brûlé, déserte mon corps où il a transité : je l'évacue littéralement, par une manifestation physique très remarquable ; je me mets à suer, par l'aisselle droite. Suer, oui évacuer de l'eau, comme j'en ai tant observé s'écouler, dans les yeux de ma mère qui pleurait, malgré son courage de petit soldat. Mon front de même est inondé d'eau. Je peux ainsi perdre plusieurs litres d'eau, et maigrir de plusieurs kilos en quelques semaines. Finalement, c'est un peu une double libération miraculeuse du corps qui s'opère : le malade se voit soulagé, sa douleur diminue, et celle-ci est également évacuée de mon corps qui en a été le réceptacle, le temps d'un passage, le temps de l'accomplissement du don du cœur. Il se sent bien, il connaît alors l'apaisement. En fait, l'action de mes mains crée un état de flottement, de relaxation, qui ressemble un peu à ce temps intermédiaire entre la veille et le sommeil. Le moment est alors venu de retirer la main. Le patient est comme rechargé positivement. Sans doute, je perçois, à mon insu, par l'imposition des mains, ce que ressent le malade, en tant que pensées, sentiments ou émotion. C'est un peu comme si le corps s'était revitalisé, comme si le système nerveux se voyait rééquilibré. Cependant, il arrive, comme je l'ai dit, que la personne vienne me revoir une fois ou deux, parfois davantage. J'agis alors de la même façon. Je me souviens par exemple de cette personne venue me consulter pour soulager une hernie discale qui la faisait énormément souffrir. Durant deux semaines environ, j'ai pratiqué la simple imposition des mains, effectuée à quatre reprises : la personne a pu reprendre son activité tout à fait normalement. Je me rappelle aussi de cet homme qui ne pouvait se débarrasser de verrues plantaires énormes. Il s'était fait opérer, sans succès. D'autres verrues étaient même apparues, sans que son talon se rétablisse. Par imposition des mains, et après application d'une huile dont je reparlerai, il a fini par en être débarrassé.

Chaque fois, je suis moi-même comme vidé, après ces séances, entamé, et dois récupérer des forces vives. Dormir une heure, m'hydrater énormément, me nourrir : ce sont les carburants qui permettent la récupération. Mon âge fait que je dois recevoir dans la journée moins de patients qu'auparavant. Il me faut parfois trois à quatre jours pour recouvrer ma vitalité, malgré ma foi chevillée au corps. Les phases de récupération, maintenant, sont plus longues. Retenez en tout cas qu'à la différence, à mes yeux, des magnétiseurs qui prennent le mal des personnes entamées, je ne fais que le capter, pour le faire circuler par moi et l'évacuer de mon propre corps. C'est ma mission, c'est ma passion que de m'offrir ainsi, cœur et âme, à la seule force concentrée de mes mains imposées, à ceux que la maladie entrave, fait souffrir. La séance achevée, la personne déclare se sentir soulagée, et plus détendue. Elle ressent du bien-être, physiquement et moralement. Je ne l'engage jamais, l'ai-je dit, à ne plus voir son médecin, et l'y encourage même, qu'il s'agisse ou non de maladies comme des cancers que je ne peux qu'accompagner, sauf s'ils sont très peu développés. Je ne les guéris pas, mais je soulage, accueille la personne en demande.

Trois mots d'une prière fervente

Je vous l'ai dit, lors de la seconde apparition de Jésus-Christ dans mon songe nocturne, m'ont été donnés trois mots, trois mots secrets, que j'ai enfouis dans mon cœur, et que je prononce, à l'intérieur de moi-même, lors d'une séance : je m'en pénètre intimement, dès que ma main vient entrer en contact avec la tête de la personne à soulager. Ces mots sont le socle sur lequel repose ma ferveur intérieure, ma passion de l'accompagnement de l'humain. Je me donne à eux, en les psalmodiant, tout absorbé dans ma concentration spirituelle. En fait, j'écoute mon cœur qui me les donne à répéter. Ce sont des milliers de prières répétées tout bas, dans le secret de mon intimité, ce sont des invocations en forme de litanie, qui demandent simplement la paix, l'amour. Je me souviens de ma petite mère, placée au couvent, qui a tant contribué à l'éclosion de la foi en moi et qui, malgré les coups de griffe de la vie des corons, priait, priait, avec ferveur. Intensément. Ses mots, son visage se faisaient rayonnants d'humanité, de paix, de douceur. Ces mots que je répète sont ma petite musique du cœur et sont aussi adressés à Dieu, pour qu'il me donne la force nécessaire d'accomplir ma mission de guérisseur. Ainsi j'entre en communion, en communication profonde, intime avec lui. Je lui ouvre mon cœur. Je m'adresse à lui en y pensant intensément, en scandant, sans que jamais le son surgisse de mes lèvres en mouvement, les mots du secret d'amour, les mots du secret de la compassion. C'est lui qui me donne cette énergie vitale qui va circuler dans mes mains destinées, au sens propre, à s'approcher du malade. Ce flux d'énergie l'envahira tout entier. Oui, être guérisseur, c'était finalement un destin à vivre, le mien, à accepter. Je sais que pour l'Église chrétienne la maladie s'offre comme un temps précieux pour la prière, elle se fait supplication pour tendre vers la libération, pour marcher vers le soulagement des maux. Prier, parce que j'ai été choisi par Dieu, tel un roi de France que je ne suis pas, me permet d'implorer, pour que la santé se rétablisse, qu'elle triomphe des forces noires de la souffrance humaine. Je me souviens de l'enseignement de ma mère usée par la vie dure des corons, pourtant grande dame de compassion, qui m'a pénétré de l'esprit évangélique. Finalement, prier, ce serait accomplir l'esprit de l'Évangile, au sens de « bonne nouvelle » : avec mes prières et l'imposition des mains, j'annonce la bonne nouvelle d'une meilleure santé à venir. J'essaie d'agir comme les Apôtres à qui Jésus avait donné le pouvoir de libérer de la maladie. Je repense aux mots de Matthieu et Luc : le Christ aurait donné le « pouvoir sur les esprits impurs, de façon à les expulser et à guérir toute maladie et toute langueur ». J'accomplis donc, au jour le jour, par la prière, cet acte charismatique, au sens de « dons de guérisons obtenues », comme en parlent *La lettre aux Galates* et la fin de l'Évangile selon saint Marc. Je m'essaie chaque jour à cette grâce donnée, par la prière au service de la libération d'autrui, de son rétablissement. Je demande simplement à Dieu la paix et l'amour, pour celui que j'accompagne dans la douleur, afin de contribuer à l'en libérer.

La foi en l'amour est le socle de tout. Je suis concentré sur ma demande intérieure : je demande à Dieu et à Jésus d'intercéder, et je me fais l'intercesseur entre l'amour divin et l'humain en souffrance. J'entre en ferveur intense, concentré sur mon cœur qui s'ouvre en deux, plein de ce partenaire divin mais invisible qui me fait aider la personne solliciteuse, arrivée, généralement, au bout des solutions possibles. C'est parce que je communique avec cet ordre invisible, mais qui a pour nom amour et a trouvé sa place au fond du cœur, que je peux accomplir ma mission. C'est la langue de Dieu qui s'exprime par la prière, qui permet que le don s'accomplisse. Prier pour accompagner la souffrance, c'est comme dire, parce que j'ai été invité à agir ainsi : « Que ta volonté soit faite sur la terre comme au ciel. » C'est s'adresser à « notre Père », pour lui dire que cet accompagnement de la maladie s'accomplit parce qu'il l'a souhaité. Et la volonté divine est prête à surgir à tout moment, elle est partout, elle est la vie même, qui sourd, ne demande qu'à triompher de la maladie, un peu comme le printemps succède à l'hiver. La prière fervente, engagée, pratiquée, est un art d'être au quotidien, une nécessité du cœur : si elle au cœur du processus d'amélioration de la personne prisonnière de sa douleur, c'est qu'en tant que guérisseur, j'entretiens un lien très particulier avec ce Dieu d'amour qui relève du sacré. C'est par la prière comme hygiène de vie et du cœur, par la prière de l'éternel retour des mots consacrés, que j'entretiens cette foi vitale qui me donne l'énergie de cet accompagnement de l'humain. La foi est le mystique aliment de l'âme qui a besoin de cette respiration spirituelle qu'est la prière pour être entretenue, se développer, grandir : elle prend alors toute la place dans l'être qui s'adonne à l'accompagnement de la souffrance humaine, cette croix à porter comme le Christ porta la sienne jusqu'au Golgotha. La prière est l'eau nécessaire à l'épanouissement de la rose. Elle permet de cultiver cette foi qui donne envie de déplacer des montagnes pour que la santé refleurisse comme une belle plante. La prière est un souffle vital qui fait respirer le cœur, qui permet au fluide énergétique d'accomplir ce miracle si incompréhensible du soulagement, de l'atténuation, du reflux de la douleur dont parlent les personnes que j'ai aidées. Elle permet d'agir la parole du Christ qui m'a visité, qui est « celui qui libère de tout mal ». Parvenir à libérer l'être qui souffre par la prière ressemble à la mission de Jésus.

Il m'arrive souvent de prier pour chacun, pour tous ceux qui viennent vers moi, le matin, une fois pour toutes. Cette litanie intime et secrète peut aussi agir à distance : quand une personne souffrante ne peut se déplacer, ou que moi-même en suis empêché, d'autant plus que je vieillis, ou si les appels téléphoniques pleuvent, je pratique la prière individuelle au téléphone, tandis que je suis relié à la personne. Je prie avec les mots du don, des mots simples, des mots d'amour. Avec sincérité et compassion. Avec une ferveur humble. C'est ainsi seulement que Dieu peut m'entendre, et me permettre d'apporter la paix, à la juste place. Il me suffit d'invoquer ces mots, ancrés en moi comme les racines d'un arbre profondément enfouies dans le sol, pour que l'énergie afflue, et que je l'emploie à répondre à l'attente forte de la personne qui me sollicite. Nos êtres sont alors sur la même longueur d'onde. Le malade est prêt à me recevoir, du plus profond de son désespoir et de son épuisement de n'avoir pu guérir. La prière accompagne ma main qui capte les radiations du corps en souffrance. Prière en forme de secrète litanie, mais prière essentielle, pour un salut possible. Je me souviens de cette femme âgée de cinquante ans qui souffrait d'un fibrome saignant. À trois reprises, j'ai pratiqué la prière et imposé mes mains, ce qui lui a permis d'être soulagée de son mal, au grand étonnement de son médecin gynécologue. Ou encore, de ce couple de Hollandais dont la femme, depuis tant d'années, souffrait d'un ulcère variqueux qui a disparu après mon intervention. Je me souviens de saint Augustin, ce Père de l'Église qui écrivait, à propos de la vie, et de la santé : *« Il faut prier pour qu'ils soient conservés quand on les a, et qu'ils soient accordés quand on ne les a pas. »* Nombreux sont les témoignages de ceux pour qui j'ai prié à distance, lors d'un contact téléphonique et *a posteriori*, et qui m'ont remercié avec tant de gentillesse, pour avoir retrouvé la lumière qu'est la joie de vivre, quand la douleur, enfin, se tait. C'est bien ce vers quoi tendent les hommes, que ce désir de bonheur. Quand la maladie gagne, quoi de plus naturel que de se battre, quels qu'en soient les moyens, contre elle, qui a beaucoup à nous apprendre, mais qui suppose de pouvoir en triompher, pour peut-être, vivre autrement ? Alors, de toute la force de ma prière intime, je m'emploie à cela : combattre les forces du mal, enlever le feu, quand il enflamme une partie du corps. Mais je renvoie toujours les malades à la médecine officielle.

De l'huile d'amande douce, ou oindre avec le geste du cœur

Un autre secret réside en l'utilisation d'une huile d'amande douce, très efficace pour soulager les maladies de peau et les brûlures. Pourtant, est-ce vraiment un secret, si l'on considère que cette grâce d'aider mes frères malades ne relève que de cette mission divine qui fit de moi un homme de bonne volonté engagé. Là encore, je me souviens de ma petite mère courage, et de cette foi, de cette ferveur transmise, ainsi que des textes sacrés : les longues heures passées à l'église m'en ont, à mon insu, imprégné, pour faire de moi une éponge. Celle qui avait passé un temps de sa vie au couvent en parlait si peu, m'ouvrant en grand la porte de mon imaginaire pour la voir, là-bas, comme enfermée. Souvenons-nous aussi de cette pratique liturgique de l'onction des malades : la personne malade est ainsi offerte à la compassion du « Christ médecin ». C'est d'ailleurs le chrême, l'huile bénite mêlée de baume, qui est utilisé pour oindre. Sans doute, je m'inscris dans ce rite du « sacrement des malades » qui est devenu prière, pour aider à rétablir, par l'onction. Je me souviens du sens du mot « christ », qui veut dire « oint », en grec. Recevoir le baptême revient à être oint, pour faire partie du peuple de Dieu. Oindre reviendrait aussi à protéger. Dans ma jeunesse, à l'église, et des lèvres de ma mère au cœur gorgé de générosité, j'ai certainement entendu les mots de l'épître de Jacques : *« Quelqu'un parmi vous est-il malade ? Qu'il appelle les anciens de l'église, et que les anciens prient pour lui, en l'oignant d'huile au nom du Seigneur ; la prière de la foi sauvera le malade, et le Seigneur le relèvera ; et s'il a commis des péchés, il sera pardonné »* (chap. 5, versets 14 et 15).

Ce sont donc les personnes qui me demandent de l'aide qui m'apportent ces bouteilles d'huile d'amande douce que je vais travailler, à la force de l'énergie de la foi qui passe par mes mains. Soit ils me l'apportent, soit ils me l'envoient par la poste. C'est encore mon corps, la foi chevillée au cœur, qui s'engage à faire passer l'énergie intérieure, le fluide qui soulage, dans cette huile d'amande douce, pour que la personne qui l'utilisera sur la partie du corps malade puisse être soulagée, libérée. Toucher, par les doigts, par les mains, a au fond une action de modification, de transformation. Alors, c'est par le contact avec la tête, ou l'huile ou encore le coton dont je reparlerai, que quelque chose, de l'ordre de l'amélioration d'un état, arrive. C'est un peu comme Jésus qui, selon l'Évangile selon saint Luc, fut « oint de l'Esprit pour prêcher l'Évangile », c'est-à-dire la bonne nouvelle. Moi, je travaille cette huile non décachetée avec mes mains, durant vingt à trente minutes, afin qu'elle soit la bonne nouvelle possible, à venir, d'une amélioration de la santé. Elle est comme chauffée par mes mains, qui transmettent ce que je ne m'explique toujours pas, mais qui est efficace pour aider autrui. Je la propose à mes patients atteints de brûlures, pour en ôter le feu, pour soulager les verrues, certaines maladies de peau comme l'eczéma, ou encore en cas de coupure. Travaillée, elle devient donc comme miraculeuse, quant aux effets sur les personnes souffrantes. Je rappelle d'ailleurs qu'un chercheur à qui j'avais fait parvenir une bouteille ainsi travaillée, en imposant mes mains, en a effectué l'analyse, qui a révélé une étonnante trace de sels liés non présents auparavant dans cette huile d'amande douce.

Assurément, je n'ai jamais affirmé pouvoir soulager l'ensemble des maladies, encore moins les guérir, malgré les témoignages reçus, car je ne suis pas tout-puissant : mon don donné ne procède pas d'un charme, d'un enchantement digne d'un magicien. Je ne fais qu'accompagner, en proposant une voie parallèle à celle de la médecine officielle, à laquelle je renvoie systématiquement mes patients. Je tends juste une autre main, c'est tout. Je n'ai d'ailleurs qu'elles à proposer. Du reste, aux premiers jours du christianisme, le fait d'oindre de chrême, d'huile parfumée, geste qui s'ajoutait à l'imposition des mains, exprimait cette idée du don, lors du baptême, du Saint-Esprit. Toute ma vie aura été finalement orientée, dès les origines, par ma petite mère qui savait si bien donner de l'amour, d'abord, et par la présence de l'Église qui a imprégné mon cœur et ma personne.

Ainsi, être des mains, se résumer à elles, se confondre en elles, chaque jour, à chaque saison. Quant à l'huile, elle fait l'objet de toute leur sollicitude, tant mes mains sont les messagères de mon cœur qui voudrait pouvoir sécher des larmes, faire renaître l'espoir, apporter du bien-être à ceux qui vivent cette épreuve qu'est la maladie. L'huile travaillée vient adoucir la plaie des peaux douloureuses, elle vient panser la plaie. On pense à l'huile miraculeuse de la sainte ampoule, apportée par la blanche colombe descendue du ciel, à l'instant où Clovis fut baptisé à Reims. Quelqu'un m'a raconté à quel point le fait, pour un roi de France, d'être oint, durant la cérémonie du sacre, avec l'huile miraculeuse, était important : à partir de ce moment-là, il était censé détenir le pouvoir de délivrer de la maladie qui, en fait, passait par lui ; il n'était qu'un intercesseur, un chargé de mission, pourrait-on dire, par Dieu. Quant à moi, je ne suis pas un dieu, juste un mortel, un humain engagé en humanité, et qui, à mon niveau, depuis des décennies, ne sait faire que cela : aider à se délivrer d'un mal qui enflamme une partie du corps… Ce que je veux dire, c'est que l'huile parfumée, dont j'ai eu l'intuition tout jeune qu'elle pourrait être une aide précieuse, s'inscrit dans une longue tradition liturgique.

Avec le coton travaillé, se recharger d'une énergie de vie vitale

Chez moi, le coton est maître. J'ai senti, très jeune, qu'il me permettrait d'aider à soulager la maladie. Il est un outil très précieux de transmission grâce au don reçu. C'est le coton protecteur qui soulage la douleur, quelle qu'elle soit. Je travaille une bande avec mes mains, puisque tant et tant passent par elles, merveilleux canal où circule le fluide lumineux de la vie, oui ce sont elles qui lui transmettent ce que j'appelle l'énergie divine de libération. Certains parlent de fluide cosmique, d'énergie du Cosmos, moi je parle d'énergie divine, que je transmets au coton que je réchauffe entre mes paumes. Il permet, comme l'huile d'amande douce, une régénération de la partie malade qu'il revitalise. Ainsi chargé, il s'attaque à réduire le feu, si je puis dire, puisque nous avons dit précédemment que la maladie n'était rien d'autre qu'un excès d'énergie concentrée dans un point du corps et qui crée une inflammation.

Je travaille donc entre mes mains une bande de coton, en me concentrant pour accueillir en moi la lumière divine, si positive, force de vie lumineuse qui triomphe des courants noirs de la maladie. Énergie de vie en mouvement, pensées positives du cœur qui passe par les mains. Oui, c'est tout mon cœur gorgé de compassion pour mes frères humains qui passe entre mes mains. On pourrait appeler cela une énergie d'amour à transmettre, pour que le mal recule, que la vie humaine se voie allongée, ou bien que la maladie se voie entravée, quant à ses effets. Le cœur et l'énergie du corps concentrés passent dans le coton, que je frotte entre mes mains comme on caresserait un oiseau blessé. La chaleur transmise, c'est celle de l'amour de l'autre.

Ainsi la bande, qui a comme concentré, accumulé cette énergie divine par le canal de transmission de mes mains, peut être utilisée par mes patients. S'ils viennent me voir, ils emportent avec eux cette bande magnétisée, qui va pouvoir, en tant que médiateur entre nos deux corps, être posée là où le corps est en souffrance. Cette bande de coton blanc, couleur virginale de la Vierge, de la lumière de vie en lutte contre la maladie au corps noir, est donc chargée de cette énergie vitale. Je transmets au coton ce fluide divin, par ce don inexplicable qui va vivifier les corps, et tenter d'en extraire le mal pour faire place nette.

Si la personne qui me sollicite ne peut se déplacer, ou si je ne peux la recevoir, du fait des centaines d'appels téléphoniques quotidiens et de mon âge qui m'oblige à des temps de récupération plus longs, j'envoie ces bandes de coton par la poste. Les patients n'ont plus qu'à l'appliquer à l'endroit où leur corps crie sa douleur. Par exemple, une bande de coton pourra être posée, en cas de bronchite, de bronchiolite, sur les bronches et sur les côtés du corps. Je me souviens d'une charmante petite fille atteinte de bronchiolite et que j'ai soulagée de cette façon, par application du coton que j'avais chauffé entre mes mains, de cette énergie du cœur que me donne ce don. Je revois encore le sourire radieux de sa mère qui a vu l'état de son enfant enfin amélioré. J'ai quant à moi évacué ce mal extrait du corps en douleur, comme toujours, par mes aisselles qui entrent en sudation, et me libèrent moi-même de ce qui transite par mon corps durant les soins. En cela, on ne peut dire que je suis un magnétiseur, car ceux-là, à mes yeux, se chargent de la maladie qu'ils combattent. C'est ce que je crois, sans certitude.

Poétiquement, on pourrait dire que ces bandes de coton travaillées par mes mains pleines d'une divine énergie du cœur ressemblent aussi à une sorte de cocon blanc, lieu de régénération, de transformation. Là vient se liquider l'inflammation qui perturbe le corps, altère la qualité de vie de la personne qui souffre. Je m'explique. Il m'arrive d'entourer la photo envoyée par un malade que je ne pourrai rencontrer, avec la lettre qu'il m'a fait parvenir. On pourrait comparer cela à une chrysalide dans laquelle le futur papillon, c'est-à-dire la santé améliorée, se prépare à s'envoler, une fois la libération obtenue, de ses merveilleuses ailes si légères. Le temps d'une pause, d'une régénération, il s'agit de passer de l'état de maladie à celui du mieux-être, voire du bien-être, par la revitalisation. Une existence humaine peut alors se remettre en mouvement, en projet, la douleur n'étant plus qu'un souvenir. Dans ma maison, des sacs entiers sont remplis de ces bandes de coton qui pourraient, bout à bout, faire un chemin qui symboliserait ce passage de la douleur noire tapie dans le corps, à celle de la blanche délivrance. Blanc, comme symbole d'une pureté du corps recouvrée, du corps débarrassé de cette inflammation impure qu'est la maladie qui engendre douleur, dans l'organisme : elle peuple la conscience d'une inquiétude, d'une angoisse permanente. Le coton travaillé m'aide à combattre cet empêcheur de vivre sa vie qu'est la maladie. Je garde d'ailleurs, ici et là, dans la maison, de commode en armoire, le long des murs, au rez-de-chaussée ou à l'étage, ces bandes de coton qui ont toute une histoire au creux de leurs fibres. Je les archive, comme dans une bibliothèque : véritables enveloppes protectrices, elles ont permis une vraie renaissance. Enfin déchargées, elles sont la mémoire de cette transformation opérée, qui fait passer de l'immobilité noire à la vitalité lumineuse de la vie prolongée.

J'ai entendu parler de l'énergie du Ch'i, comme l'appellent les Chinois. Certains praticiens transmettent au coton travaillé, par la paume de leurs mains, cette force d'énergie de vie, qui ne relève pas, à mes yeux, de ce don qui m'a été transmis. Ainsi, les patients peuvent constater qu'ils se rétablissent, par une meilleure circulation de l'énergie, et que l'équilibre du système nerveux est régulé. Ces pratiques permettent de combattre les dysfonctionnements de l'organisme. Je ne sais pas s'il y a des points communs avec ce que je propose. De mon côté, je ne fais que répondre à l'invitation du songe nocturne : doté d'un don, j'ai juste voulu donner aux autres ce qui m'avait été attribué pour les soulager de la maladie. À vrai dire, je n'en sais rien, même si j'ai essayé d'y réfléchir. Je répète que cet accompagnement que je pratique depuis de nombreuses décennies me dépasse moi-même. Je suis juste le vecteur du Dieu d'amour qui est dans mon cœur.

Une photo du malade pour le travail à distance

De nombreux malades qui vivent très loin de chez moi ou ne peuvent se déplacer me faisaient parvenir des lettres accompagnées de photos. À présent, je ne les prends plus, sauf si quelqu'un me ramène une photo d'un malade. Alors je la travaille et je lui rends de suite. D'ailleurs, je l'ai dit, j'ai accompagné le pape Jean-Paul II, dont la photo m'avait été envoyée, en dispensant mes soins à distance. Une fois que j'ai été renseigné, lors d'une conversation téléphonique, du mal dont la personne souffre, il m'arrive de déposer dans une bande de coton que j'ai travaillée de mes mains pendant une vingtaine de minutes la photo et la lettre. Je suis cet horticulteur qui a le don de la main verte pour entretenir ses fleurs, ses plantes. Je prie pour eux, lors de la prière collective que je fais tous les matins pour chacun, et au téléphone quand nous nous entretenons. Ce coton auquel je transmets ce fluide divin, cette énergie du cœur, cette énergie donnée par Dieu est comme un cocon protecteur, un cocon de régénération où la santé se répare, s'améliore. Je les installe chez moi, près du buffet où j'ai voulu placer ces vierges, cadeaux du cœur faits par des patients, ou bien dans les tiroirs d'une commode, ou encore dans des sacs. À l'étage, aussi, je place ces cocons où se régénèrent lentement des vies en souffrance. Finalement, je vis au milieu de centaines d'êtres que j'essaie d'accompagner à distance, par ce don donné que je concrétise par la prière, la concentration mentale qu'est cette pensée du cœur que je leur voue. Mes mains travaillent simultanément la bande de coton dans laquelle j'enroule les photos des personnes qui m'ont sollicité. Cette bande ainsi transformée garde en elle cette énergie comme dans un jeu d'écho : c'est un peu comme si elle avait recueilli les ondes passant par mes mains. Je rappelle que le coton travaillé se prête parfaitement au soulagement des maladies des bronches, des maux asthmatiques, mais aussi des douleurs dorsales, ou des ulcères variqueux. J'ai tant travaillé, cultivé cette force intérieure, depuis des décennies.

Je regarde attentivement, évidemment, chaque photo en l'associant à la voix entendue, et aux propos échangés. Le regard est une force qui peut soulager, et que j'ai au début expérimenté sur des animaux, comme je l'ai dit. C'est un canal puissant de transmission d'énergie positive, comme le sont les mains qui débloquent l'énergie, extraient le mal, rééquilibrent. J'ai entendu parler de ce Mesmer, ce médecin décrié qui lui aussi imposait les mains, et qui avait en son époque soulagé une aveugle née.

Pour en revenir à ces cocons blancs entreposés dans ma maison, c'est un peu comme des centaines de cœurs humains qui battent, et sont revitalisés progressivement par ces bandes de coton auxquelles j'ai transmis cette énergie d'amour. C'est peut-être cette conscience aiguë de la douleur de l'autre, qui me fait entrer dans une empathie portée par la compassion. Je me souviens de ma mère, quand elle accueillait ces misérables, qui n'avaient pas de toit pour dormir, ou si peu pour se nourrir. Avec le peu dont elle disposait, elle faisait beaucoup. Moi, avec ce tout petit rien indescriptible qui passe par mes mains, je donne l'énergie de mon cœur que je transmets, directement, ou à distance. C'est peut-être cela le secret de l'accompagnement : ce sens de l'amour que j'ai de Dieu m'appelle à aimer tant autrui, que je peux lui transmettre cette énergie qui sourd au plus profond, fluide de vie, de la lumière plus forte que l'ombre. Le mouvement, contre l'immobilité. D'autres, magnétiseurs, qui accompagnent parfois à distance, ou médecins chinois, qui travaillent sur les méridiens, appellent ce fluide l'énergie cosmique, ou vitale, même s'ils ne considèrent pas avoir reçu un don. Je vis ainsi, parmi eux à qui je pense de façon positive. J'ai pensé à agir ainsi, car les journées ne sont pas assez longues pour accueillir tant d'êtres abîmés par la maladie. Ils sont légion à me téléphoner, tous les jours, de chez eux. C'est une autre façon de donner mes mains pour accompagner, et transmettre cette force, qui était appelée, par les alchimistes, au Moyen Âge, le fluide vital, m'a dit quelqu'un.

En effet, aujourd'hui, je ne puis recevoir tout le monde, vu la demande. De plus, je fatigue plus vite : à soixante-douze ans, j'ai besoin de phases de récupération plus longues, et dois espacer les visites. Aussi, j'essaie d'aider autrement, avec, toujours, la sincérité, le désintéressement et l'amour chevillés au cœur qui passe par le corps, pour soulager ceux qui me le demandent.

Rendez-vous avec quelques maladies accompagnées et soulagées

Des causes de la maladie, cette inflammation d'une partie du corps…

Chaque personne apportera sa réponse à cette question. La maladie procède de toute façon d'un déséquilibre, d'un dysfonctionnement, d'une perturbation, que cela soit d'ordre physiologique ou encore lié au psychisme. Tout dépend du regard posé, c'est-à-dire de la lecture que l'on veut en faire. La médecine officielle, à laquelle je renvoie toujours mes patients, a ses réponses. Moi, j'agis dans une vie parallèle. Je pense que ses causes sont multiples, et que si ce qui en provoque l'apparition peut être biologique, et est parfois lié à des dispositions génétiques, notre psychisme joue également un rôle moteur. Du reste, nombre de scientifiques se rallient aussi à cette idée que certaines maladies résulteraient de difficultés psychologiques comme enkystées, non dépassées. Il faudrait ainsi, en toute logique, que ces conflits intériorisés, non conscients, s'expriment par détour, d'une autre façon, par un autre canal. Ces tensions internes extrêmes ne trouvant pas d'autre moyen de se dénouer entraînent un déséquilibre, une perte de vitalité, des blocages énergétiques. Cela s'appelle la somatisation. La médecine chinoise taoïste rejoint, m'a-t-on dit, ce regard sur les origines possibles de certaines maladies. L'inflammation des cellules, dans une partie du corps, l'exprimerait. En fait la santé, c'est une question d'équilibre. Dans notre conscience, elle repose sur la possibilité de pouvoir intégrer, pour les digérer, toutes les oppositions dont nous sommes le siège. Ce sont la souffrance et le plaisir, les pensées constructives et celles qui sont destructrices, le stress et le lâcher prise, ce qui est raison et ce qui est passion, etc. Si l'un des éléments de ces couples d'opposition se trouve refoulé, il y a rupture de l'équilibre et cela se traduit par une perturbation énergétique : la maladie peut alors s'installer, se développer. Quelle que soit la forme de la pathologie, il s'agit de parvenir à neutraliser l'inflammation, qui n'est rien d'autre qu'un excès d'énergie concentré dans le corps, dans une de ses parties.

Notre mode de vie tendu vers la rentabilité, générateur de stress, d'angoisse, n'est pas sans résonance profonde sur notre santé. Le stress qui n'est pas évacué, par exemple par une pratique quotidienne d'un exercice physique, peut être responsable de certaines maladies, notamment cardio-vasculaires. La société oriente les êtres vers un unique objectif : faire de chacun le petit soldat devant satisfaire les objectifs de l'économie néo-libérale, qui repose sur le profit et donc la consommation. Cela entraîne bien des maux, au propre comme au figuré. On pourrait presque dire que ce grand retour de l'idole du Veau d'or est responsable de ces maladies liées au stress qui se retourne contre l'organisme malmené, surmené, non respecté. Et la capacité à gérer ce stress n'est pas la même d'un individu à l'autre. Là non plus, nous ne sommes pas tous égaux. Il faudrait donc tenter de retrouver une forme de bon sens perdu, d'apprendre à remettre à leur place les conditionnements, à se libérer de ce que nous dicte la société, malgré nos obligations. Apprendre à se respecter, à ne pas sacrifier tout son être, sa santé, son bien-être, à l'autel de la rentabilité économique. Préserver ce qu'il y a d'humain en nous. Apprendre à faire la part des choses, à savoir que nous ne sommes ni des machines ni des robots, et qu'éviter certaines maladies suppose un équilibre de vie au quotidien. Apprendre à ralentir, à se nourrir avec bon sens, à faire de l'exercice, et à se relier à autrui, sans lequel on n'est rien du tout. Trop de solitude, ou de rapports non sincères, intéressés, tue, rend malade. Il est nécessaire de repenser nos valeurs de vie, de les axer du côté de l'humain, de l'être, et non du gain, de la possession d'objets inutiles qui menacent de nous étouffer. Il faut remettre les apparences à leur place, pour mieux vivre, et lutter contre le stress générateur de maladies. Cela suppose de s'interroger sur les raisons qui nous font nous offrir comme des victimes consentantes à la bouche dévoreuse de ce vampire invisible. Croyons-nous que les objets, le train de vie nous apporteront de la reconnaissance, nous rendront plus aimables, plus aimés ? Avons-nous le sentiment d'avoir été assez aimés, ou bien d'avoir été trop mal aimés ? Avons-nous peur d'être rejetés, si nous ne sommes pas comme tout le monde ? Osons-nous penser par nous-mêmes, et sommes-nous capables d'assumer des choix qui ne font pas de nous des moutons de Panurge ? Nous sommes bien loin des causes de la maladie, direz-vous. Pas tant que cela, à mes yeux, du moins pour celles qu'engendre le stress, sous toutes ses formes, et causé par une mauvaise hygiène de vie, une mauvaise hygiène relationnelle : le tout a des répercussions sur le corps qui encaisse et présente l'addition, tôt ou tard. Vivre juste, donc, et en accord avec soi-même, se respecter, en prendre le temps, prendre le temps des autres, et construire une hygiène de vie : cela me semble essentiel, et au fond, cela relève du bon sens. Il est possible de s'adapter au monde tel qu'il va, sans pour autant se sacrifier, se mettre en danger, et renoncer à son socle de valeurs authentiques. Vivre juste, en cultivant la joie intérieure, l'optimisme, les valeurs du cœur, en vivant aussi pour quelque valeur qui vous transcende. Pour moi, la ferveur est l'aliment qui rend possible une telle vie basée avant tout sur l'amour.

Cela me paraît d'autant plus important que notre environnement constitue une menace forte et qui peut favoriser nombre de pathologies graves. L'activité humaine est responsable de la détérioration de cet environnement, et fait de l'homme son propre fossoyeur. La pollution de l'air, de l'eau, les pollutions électromagnétiques, ne sont pas sans influence sur le développement de certaines maladies. Que dire aussi de toutes ces dépendances destructrices, fonctionnant souvent comme des compensations au stress ou à la difficulté de vivre que sont l'alcoolisme, le tabagisme ? L'alimentation est elle-même aujourd'hui susceptible de menacer notre santé : plats industriels gorgés de colorants ou de conservateurs, conditions d'élevage accéléré des animaux à abattre, agriculture intensive prête à tout pour des questions de rentabilité... Tout cela a un prix à payer, exorbitant : celui de la santé de l'homme pris en otage.

Petits secrets d'Oscar Coupé pour soulager des maladies

Je répète que mes soins gratuits d'accompagnement de certaines maladies ne sont qu'une proposition alternative. Je ne fais qu'exploiter ce don reçu à l'âge de neuf ans, pour soulager mon prochain. Ces soins ne remplacent en rien les traitements proposés par la médecine officielle à laquelle je renvoie systématiquement mes patients, même s'ils viennent à moi souvent à bout de souffle, sans plus d'espoir. Je leur dis toujours de continuer à prendre leurs médicaments. Je ne prétends d'ailleurs pas pouvoir soulager toutes les maladies, n'étant pas un démiurge. Je ne peux par exemple qu'accompagner la souffrance de personnes atteintes de cancers en stade terminal, mais non les guérir. De même, les cas de fractures, de cassures, relèvent de l'hôpital : le guérisseur a ses limites. Sinon, il se fait gourou.

• Comment j'aborde les maladies de peau

➢ *Eczéma*

Je soulage en effet, par un traitement dermatologique, l'eczéma, une maladie de peau très fréquente qui évolue, par poussées.

Le mot « eczéma » tire d'ailleurs son origine d'un mot grec *eksein*, qui signifie « bouillonner ». On remarque une rougeur congestive, et des vésicules qui finissent en croûtes. L'eczéma, dont les localisations sont très diverses, est très irritable : il faut donc être très précautionneux pour le traiter, pour éviter que les lésions s'aggravent. Je préconise à la personne qui en est atteinte d'utiliser l'huile d'amande que j'ai travaillée de mes mains. Il suffit d'en appliquer un peu sur l'endroit du corps intéressé. Le patient peut le faire lui-même. Le temps de guérison est relatif à chaque personne. Je fais également évoluer la maladie par imposition des mains, pour que tout le mal sorte. Ensuite l'huile est appliquée sur le point atteint.

Je me souviens d'une femme ainsi soignée, qui se plaignait également d'un état dépressif, et que j'ai très vite soulagée de cette affection dermatologique. Elle a d'ailleurs souhaité que j'intervienne pour l'accompagner, relativement à sa fragilité psychologique. Une autre femme, souffrant d'un eczéma qui lui faisait endurer des démangeaisons jour et nuit, était venue me voir. Elle avait tout essayé, y compris la cortisone que je ne lui ai jamais déconseillée. Quelques semaines après sa visite, son état s'était amélioré de façon très sensible.

➢ ***Zona***

Le zona, ce syndrome, peut être localisé à différents points du corps. Son éruption engendre une forte douleur. On dit que c'est le feu sacré, le feu de saint Antoine. En fait, un zona vit, il évolue. Quand il s'agit du zona intercostal, la personne souffre de douleurs névralgiques intercostales, elle frissonne. Sur un des côtés de la poitrine s'observent des plaques érythémateuses ovales, sur lesquelles surgissent des vésicules pleines d'un liquide citrin. Cela dure environ quatre à huit jours. Une croûte les recouvre, et quand elle tombe, elle peut laisser des cicatrices blanches qui ne disparaissent pas toujours. En tout cas, au moment de l'éruption du zona, le patient fiévreux connaît des troubles gastro-intestinaux et des céphalées. Ce syndrome évolue durant une quinzaine de jours. Il faut noter que les ganglions de l'endroit atteint connaissent une inflammation. Il existe d'autres formes de zona, comme ceux de la face, du maxillaire supérieur et du maxillaire inférieur, du membre inférieur, et d'autres encore.

Je le traite en soufflant sur le point du corps malade. Simultanément, je fais un signe de croix de la tête, à trois reprises. La personne peut alors se sentir devenir froide comme un marbre. Je me souviens d'un homme venu me voir pour que je l'aide à se libérer : deux jours après sa venue, le zona avait reflué.

➢ *Psoriasis*

Cette affection dermatologique se présente sous la forme de plaques de largeur variable, squames blanches. Le socle en est érythémateux. Cela commence par une tache rouge qui se développe progressivement, avant d'être recouverte de squames. On sait que la maladie évolue par poussées successives, et que cela n'est pas contagieux. Des irritations de type local, comme des frottements, un traumatisme, des plaies, mais aussi une émotion forte, violente, peuvent déclencher ces poussées. Je traite le psoriasis, sans passer par l'imposition des mains, juste avec de l'huile d'amande douce travaillée, et qui est appliquée sur le point atteint. Je ne recours pas à la prière.

- **Coupure, brûlure, verrue, gangrène…**

➢ *Coupures, piqûres*

Qu'il s'agisse d'une piqûre de guêpe, ou de moustique, ou autre insecte, je préconise l'huile d'amande travaillée, à poser sur le point atteint. L'huile engendre une sensation de brûlure, à l'intérieur de la chair. Tout disparaît en trois ou quatre jours. Je ne passe pas par la prière.

➢ *Verrue*

On sait que l'hypertrophie des papilles de la peau déclenche ces excroissances cutanées que sont les verrues. Verrues plantaires, verrues planes juvéniles, verrues séniles, verrues vulgaires… Je préconise l'huile d'amande douce à appliquer à plusieurs reprises sur les régions atteintes. Il m'arrive aussi de passer par l'imposition des mains. Notez qu'une prière peut suffire à les faire disparaître. Il faut signaler que l'essentiel est surtout de supprimer la mère, car les verrues connaissent le phénomène de duplication. Je me souviens qu'à Lourdes j'ai aidé une dame couverte de verrues, par la seule prière qui a eu un effet extraordinaire. Je me souviens aussi de cette autre dame qui a souffert des années durant de verrues plantaires, soignées sans succès par des soins longs et très douloureux. D'autres verrues se greffaient. Par mon traitement qui a associé l'application d'huile à l'imposition des mains, les verrues ont très vite disparu.

➢ ***Brûlures***

On sait que la chaleur ainsi que des substances dites caustiques engendrent des lésions. Leur degré varie du premier, deuxième, troisième degré, pouvant aller jusqu'au sixième degré, la lésion allant alors jusqu'aux os. Mon intervention permet d'atténuer la douleur, et de déclencher l'accélération du processus qui va de l'étape ascendante, durant laquelle se forme la cloque, jusqu'à celle, descendante, pendant laquelle le derme se restructure. J'ai quant à moi recours à la prière, par trois fois, pour quelque endroit du corps que ce soit. Je souffle, à trois reprises, tout en traçant le signe de la croix avec le doigt, également à trois reprises. Je me souviens notamment d'une dame hospitalisée, qui avait été traitée en tant que grand brûlé. Mes soins lui ont permis d'être délivrée de sa douleur.

➤ *Gangrène*

Il s'agit d'une partie du corps plus ou moins étendue qui est mortifiée. On pense à un grand homme, du nom de Louis XIV, qui en mourut... Son évolution, qui peut prendre des mois, voire des années, peut être aussi rapide. Les causes de la gangrène sont nombreuses : excès de compression, tissus écrasés ou choqués, corps soumis à des températures très fortes engendrant froidures et brûlures. S'il s'agit de thrombose, quand la gangrène évolue progressivement, la personne est atteinte de crampes à l'endroit malade, elle ressent des fourmillements, et se plaint de sensation de froid. Si des cloques surgissent, avec putréfaction et suppuration, on parle de gangrène humide : cela suinte. Sinon, elle est dite sèche. Ce sont les extrémités qui sont souvent atteintes, comme les orteils, les doigts. On sait qu'existe aussi la gangrène du scorbut, du poumon, de la bouche, qu'il peut s'agir également de gangrène infectée, dite gazeuse. Je me souviens de cette dame, à Douai, qui était venue me voir pour soulager un début de gangrène à l'orteil droit. Sans diabète, je peux la soulager au moyen de l'huile d'amande douce.

- **Soulager les maladies musculo-squelettiques**

➤ *Rhumatisme*

Cette maladie connaît plusieurs formes, et elle est caractérisée par des phénomènes de fluxion qui interviennent sur un nerf, un muscle, une articulation, un viscère. Cette maladie inflammatoire est extrêmement difficile à soulager. Je procède par imposition des mains, deux à trois fois, jusqu'à extinction de la douleur. Je recommande, dans le cas d'un rhumatisme articulaire aigu, maladie rare, des massages avec de l'huile d'amande douce.

➢ *Arthrose*

On sait qu'il est question, dans cette affection rhumatismale dégénérative, d'articulations dont le cartilage est détruit, l'âge augmentant le phénomène. Le temps opère en fait une usure, et ce cartilage qui disparaît fait que les os qu'il ne sépare plus se frottent. Cela entraîne une sorte de blocage des articulations, car les endroits osseux se retrouvent alors mis en contact direct. J'utilise l'huile d'amande douce, avec laquelle la région atteinte est massée, puis j'engage à poser la bande de coton travaillée par mes mains. J'ai soigné de nombreux cas d'arthrose du genou, et de la hanche, qui sont les endroits du corps très fréquemment touchés par cette maladie. La prière n'entre pas dans mes soins. Évidemment, j'interroge les malades pour savoir s'ils ont subi des examens comme les radiographies, les échographies, les scanners, ou encore les IRM. Je me souviens d'une femme qui m'avait joint par téléphone, et chez qui je m'étais rendu, car elle était incapable de se déplacer. Cela faisait des mois qu'elle n'avait pas marché. Ses jambes et sa hanche la faisaient énormément souffrir. De plus, elle avait besoin de consulter un ophtalmologue. Quelque temps plus tard, après mon intervention, elle m'a appelé pour me dire qu'il lui avait été possible de se rendre à pied chez le spécialiste vivant à quelques centaines de mètres de chez elle.

➢ *Foulures, entorses, tendinite*

Je les soulage au moyen de l'imposition des mains, sans avoir recours à la prière. L'huile d'amande douce peut être appliquée. Le temps que prend la douleur à disparaître est relatif à la personne. Je me souviens d'une patiente qui s'était foulé la cheville après avoir fait une chute. Sa mère me l'avait amenée deux fois. Après la première séance de soins, la douleur a disparu, et quelques jours après ma nouvelle intervention, elle a pu marcher à nouveau tout à fait normalement. Je me souviens aussi d'une personne, qui relevait de ce qui est appelé la catégorie des gens du voyage, et qui souffrait d'une tendinite, avec inflammation aiguë. J'ai simplement imposé mes mains, pour la soulager, sans qu'elle ait, finalement, à en passer par les infiltrations prévues, mais que je ne lui avais pas déconseillées. Je me souviens également d'un homme âgé d'une soixantaine d'années qui était venu me consulter, car il souffrait d'une tendinite au bras gauche, localisée près de l'omoplate. Il avait subi des infiltrations des années durant. Il s'était aussi fait masser chez le kinésithérapeute, mais aucune des démarches n'avait débouché sur une réelle amélioration de son état. Mes soins, pratiqués à deux reprises, lui ont permis d'être soulagé.

• Soulager les affections respiratoires

➢ *Quintes de toux*

Je pratique simplement l'imposition des mains, vingt à trente minutes, sur la tête ; sans passer par la prière.

➢ *Bronchites*

La bronchite est une affection respiratoire dont les formes sont différentes, du fait du degré d'intensité de l'inflammation. Si les grosses ou moyennes bronches sont atteintes, ainsi que la trachée, on a affaire à une bronchite aiguë, ou à une trachéite. Si les petites bronches sont atteintes, il s'agit de bronchite capillaire. Il existe des cas de bronchite chronique, la muqueuse des bronches faisant de la résistance. Ils peuvent alors connaître des complications graves. De même que pour les quintes de toux, je travaille par imposition des mains, et préconise d'appliquer sur la poitrine et sur les côtés du corps mes bandes de coton travaillées par mes mains. Le temps que prend le soulagement est fonction du patient. Je me souviens d'un cas de bronchiolite soulagé. Un petit garçon âgé de huit mois vivant à Lécluse connaissait des bronchiolites à répétition, et cela depuis sa naissance. La mère consultait le médecin trois à quatre fois par mois, y compris le kinésithérapeute. Il avait été aussi hospitalisé une semaine, sans que cela débouche sur une amélioration. Huit séances ont suffi pour le soulager, et la maman en a été très heureuse.

➢ *Asthmes...*

Il faut se souvenir qu'il existe deux types d'asthme : l'asthme vrai, qui ne présente pas de causes organiques que l'on peut apprécier, et l'asthme symptomatique ou faux, pouvant résulter d'une lésion rénale ou cardiaque. D'autres variétés intermédiaires existent. Pour ce qui concerne l'asthme vrai, son signe en est l'accès d'asthme : il se traduit par la sensation de suffocation, la personne atteinte ayant préalablement été prise de courbatures et souffert de mal de tête. Elle manque d'air, en quelque sorte, inspire avec difficulté, respire par sifflement. Entre trente et soixante minutes s'écoulent, voire davantage, avant que la personne ait des crachats et que, petit à petit, la crise recule. Une autre forme de l'asthme vrai est celle de l'asthme dit permanent ou catarrhal. Ses signes sont la respiration sifflante et l'essoufflement de la personne souffrante. Elle suffoque, de façon plus atténuée, mais plus persistante. N'oublions pas non plus l'asthme infantile, chez les enfants très jeunes : cela commence par un coryza et une bronchite, puis la toux fait son apparition, ainsi que les écoulements nasaux. On assiste ensuite, dans la journée qui suit ou bien la nuit, à une précipitation des mouvements respiratoires, comme si l'enfant allait se trouver au bord de l'asphyxie. On perçoit des râles. L'enfant n'a pas faim et des vomissements sont possibles. La crise ne diminue qu'après deux jours, même si persiste, quelques jours, une toux grasse. Cependant, ces crises vont resurgir, au bout d'une semaine ou deux, voire d'un mois. L'enfant grandissant, elles finissent par se raréfier puis par disparaître. Il peut évidemment surgir des complications, en cas de répétition. Pour soulager un malade qui me sollicite, je me contente d'imposer les mains, tout en préconisant l'application du coton travaillé par mes mains.

➢ *Atteintes pulmonaires (pneumoconioses)*

J'ai eu, dans mon passé d'enfant élevé dans les corons, la triste expérience des maladies graves engendrées par les poussières dites « professionnelles » qui abîmaient les bronches des mineurs... Elles ont diverses origines, pouvant provenir de substances végétales, animales, salines, métalliques, minérales. On sait que les poussières sont aussi celles de l'air, contenant des microbes, pathogènes ou non et des débris minéraux, animaux ou végétaux. Comme pour soulager une bronchite, j'impose les mains sur la poitrine et les côtés du corps. Je propose également au malade d'appliquer une bande de coton travaillée par mes mains, sur la poitrine et sur les côtés du corps. Je me souviens d'une fillette que sa mère m'a amenée, alors qu'elle était atteinte de pneumopathie depuis deux mois. Deux semaines après qu'elle m'avait été adressée, le mal a reculé, la radiographie le révélant. Sa mère était délivrée de sa peur pour sa fille.

- **Hernies diverses...**

Les hernies, dont il existe plusieurs variétés, peuvent se définir comme des tumeurs, dont la formation résulte de la sortie d'un viscère de l'endroit du corps, de la cavité qui doit normalement le contenir. Quelles que soient les hernies, leur volume, variable, peut se réduire, du fait des doigts qui pressent et font rentrer l'intestin dans le ventre, ou du fait d'être couché. Ce volume peut aussi aller croissant, si la personne atteinte tousse, ou reste debout, et fait des efforts intenses. Dans le cas de hernie discale, je pratique l'imposition des mains, sans prière, au bas du dos, et je préconise le massage avec de l'huile d'amande douce travaillée par mes mains. Le soir, je demande au malade de poser sur les reins une bande de coton travaillée. Il vient me voir plusieurs fois, les séances de soins étant espacées de plusieurs jours. Je me souviens d'un patient que j'ai aidé à combattre une hernie discale extrêmement douloureuse. Durant deux semaines, j'ai pratiqué quatre impositions des mains, et il a pu reprendre ensuite ses activités professionnelles tout à fait normalement. Je me souviens aussi d'une personne qui m'a remercié d'avoir soulagé son chien d'une hernie cervicale, l'animal devant être opéré. Je l'ai vu cinq fois, et il a recouvré sa forme. Son propriétaire m'en fut très reconnaissant.

➢ *Ulcères variqueux ou stomacaux*

Le mot « ulcère » est employé en cas d'ulcération chronique qui se prolonge et ce parfois indéfiniment. Cette maladie est très fréquente. Les personnes atteintes d'ulcères de la jambe, généralement entre trente-cinq et soixante-cinq ans, ont souvent des métiers pénibles qui supposent de rester longuement debout. Par ailleurs, les grossesses à répétition, pour des femmes diabétiques, favorisent leur apparition. J'ai été amené à soulager nombre d'ulcères variqueux. L'ulcère variqueux concerne souvent les jambes dans leur tiers inférieur. Il est recouvert de pus, s'il n'est pas nettoyé. Des varices profondes, souvent présentes, offrent un terrain de prédisposition. Je soulage quant à moi l'ulcère variqueux en ayant recours à l'huile d'amande douce travaillée, et à l'imposition des mains. Il faut savoir que cet accompagnement demande du temps, que c'est très long. Il faut compter entre un et deux mois pour qu'une amélioration se profile. Je préconise de poser une compresse d'huile sur l'ulcère. La peau repousse, dans l'ulcère, et reprend progressivement sa place. Je soulage aussi des ulcères stomacaux. Je me souviens d'un homme soucieux qui m'avait adressé son fils âgé de trente-cinq ans, que j'ai réussi à aider par mes soins.

➢ *Aider ou accompagner une grossesse*

Il m'est aussi arrivé, et ce fut une grande joie tant pour la future maman que pour moi, d'accompagner des grossesses, de les aider. J'ai été souvent sollicité, pour les cas de difficultés de procréation. Je me souviens par exemple d'avoir imposé les mains pour une femme qui avait des difficultés à être enceinte. Elle présentait en fait des kystes aux ovaires infectés. Elle a réussi, suite à mon intervention par imposition des mains, à être enceinte. À Douai, je me souviens aussi d'avoir accompagné une femme qui avait perdu un premier enfant durant sa grossesse. Très en souffrance, elle est venue me voir à trois reprises. J'ai associé la prière à l'imposition des mains, et un mois plus tard, elle eut la joie d'attendre un heureux événement. Un petit garçon est né, et son sourire radieux, sa reconnaissance, m'ont beaucoup touché. Je me souviens aussi d'une autre femme affligée, qui avait subi trois échecs : le premier après trois mois de grossesse, le deuxième après six mois. Enfin, elle a fini par devoir faire face à la disparition d'un troisième bébé au neuvième mois. Elle était désespérée quand elle m'a sollicité. J'ai placé mes mains sur sa tête, à cinq reprises, à l'occasion de ses visites répétées, vingt à trente minutes chaque fois. Elle a pu mettre enfin au monde un bébé bien portant. Mon accompagnement lui a été bénéfique, j'étais son ultime espoir.

➢ *Accompagner les « maladies de l'âme »*

Tant de personnes vont mal psychologiquement… Je dois dire que j'interviens assez peu dans le cadre de l'accompagnement des maladies psychiques lourdes qui ne sont pas de mon ressort. Par ailleurs, quand il s'agit d'états dépressifs chroniques, qui reviennent, s'inscrivent dans la durée, je ne suis pas à même de soulager. Il m'arrive, en tout cas, d'accompagner des personnes atteintes de déprime passagère. J'impose les mains, je les écoute, car elles sont souvent dans la plainte. Il y a tant de personnes qui aujourd'hui vont mal psychologiquement, dans ce monde où tout s'accélère, où tout est ramené à la logique de rentabilité économique. Alors je suis un peu une grande oreille qui prend le temps d'écouter, qui est disponible, présente. Je donne peu de conseils, je ne suis pas psychologue, mais j'apporte une chaleur humaine, un réconfort. J'essaie d'insuffler de l'optimisme, en expliquant qu'il faut aussi vivre sans trop se projeter, en évitant de laisser l'imagination développer des peurs par anticipation. À chaque journée suffit sa peine, un pas après l'autre, c'est l'humble politique à mettre en œuvre. Je conseille toujours à ces personnes de consulter leur médecin, voire un spécialiste. Pourtant je ne leur ferme pas ma porte, quand elles me sollicitent, j'ouvre mon cœur et agis avec sollicitude et compassion. Mon contact, ma présence, parfois téléphonique, les soulagent. Elles ont quelqu'un à qui se confier. Je prie pour elles.

Je me souviens de cette jeune femme déprimée, qui avait du mal à faire face à sa solitude de mère au foyer, et qui avait revu pour la dernière fois son père sur son lit de mort, après une longue interruption dans leur relation. Elle était suivie par un psychiatre. Pourtant elle éprouvait le besoin d'échanger avec moi, et m'avait dit que je représentais un peu, pour elle, un grand-père qui a le temps d'écouter, de réconforter. J'ai prié pour elle, j'ai tenté de la rendre plus optimiste, et j'ai surtout offert une écoute, pour qu'elle dépose sa douleur quelque part, sans intervenir, en étant simplement présent humainement, par la voie du cœur. C'est la seule que je connaisse. Je me souviens également d'une jeune femme qui est venue à moi avec un sentiment d'impuissance totale, face à ses maux de l'âme. Elle souffrait, à ses dires, du syndrome maniaco-dépressif. Elle était bien sûr suivie en psychiatrie, et je l'ai engagée à ne pas renoncer à son traitement. En trois mois, les choses s'étaient tant aggravées qu'elle m'a sollicité, sans y croire vraiment, tant elle était découragée. Son corps ne cessait de trembler, disait-elle, son esprit battait la campagne. Elle n'avait plus d'énergie pour rien, s'abîmant dans le désespoir. Je suis allé la voir chez elle, et j'ai eu recours à l'imposition des mains. Je ne prétends en aucune façon que cela guérisse, mais peut-être cela aide-t-il à débloquer, à faire mieux circuler l'énergie, à en rééquilibrer les centres. Cela l'a beaucoup soulagée, si j'en crois la belle lettre de remerciement qu'elle m'a adressée. Son état s'améliorant, elle a pu reprendre des études par correspondance et vivre plus sereinement. De même, je me souviens d'avoir accompagné un homme atteint d'une schizophrénie paranoïde, qui, après un séjour à l'hôpital, était suivi par un psychiatre et prenait un traitement médicamenteux. Il avait, à ses dires, peur de tout, ne sortant que pour aller chez son psychiatre en étant accompagné de sa mère. Ils sont venus me voir ensemble, et je l'ai ensuite revu six fois. Son état s'est amélioré par la suite, il a pu se remettre à sortir normalement, et a retrouvé le goût de la vie. Encore une fois, je n'ai fait qu'accompagner cet homme en grande souffrance psychique, parallèlement à son traitement.

Je me souviens encore d'une jeune femme qui était dépressive. Son psychiatre la suivait, et elle prenait régulièrement les médicaments prescrits. Elle est venue me voir une fois. Je l'ai engagée à ne pas interrompre son traitement. Mes soins l'ont détendue, j'ai prié pour elle ; elle a recouvré de l'énergie, nourri moins de pessimisme. Seule à la maison avec des enfants agités, mal remise d'une déception amoureuse, vivant sa vie de couple comme elle le pouvait, elle avait été souvent traversée par la tentation du suicide, souffrant d'insomnie. Après sa visite, son sommeil est devenu meilleur, et elle est revenue une seconde fois. J'ai prié pour elle, je l'ai écoutée, pour laisser s'exprimer ses émotions négatives. Je lui transmets, juste par la prière, cet amour du prochain que j'ai reçu tout petit. Elle m'appelle de temps en temps, je le fais aussi. Elle va mieux, mais n'a pas renoncé à son traitement.

• Soulager d'autres maladies

➢ ***Aphtes des bébés***

Je préconise, tout simplement, d'appliquer avec le doigt, pendant quatre ou cinq jours, de l'huile sur les aphtes.

➢ ***Aphtes dus aux appareils dentaires***

Dans ce cas encore, il faut appliquer de l'huile sur les aphtes dus à la présence de l'appareil dentaire.

➢ ***Kystes des ovaires***

Je me contente de me mettre en prière, de psalmodier les trois mots reçus, lors du second songe nocturne qui me donna les outils qui me permettraient de soulager mon prochain.

➢ ***Épanchement de synovie***

Je me souviens d'avoir aidé une femme qui venait de quitter l'hôpital où elle avait subi une intervention chirurgicale : en effet, elle marchait avec des béquilles, souffrant d'un épanchement de synovie. Ce jour-là, je l'ai accueillie pour lui dispenser mes soins. J'ai imposé les mains et prié. Très vite, elle m'a rappelé pour me dire que son état s'était très sensiblement amélioré, et qu'elle pouvait même faire de la bicyclette.

➢ ***Fibrome***

Je ne suis pas censé pouvoir soigner les fibromes, que seule la chirurgie peut prendre en charge. Quand cela est possible, seul le fibrome est ôté par l'acte chirurgical. Parfois, la personne subit ce que l'on appelle une totale. Il m'est arrivé de conseiller à quelques femmes de s'en remettre à leur médecin et à la chirurgie. Malheureusement, elles ne m'ont pas écouté, et cela a mal fini. Je me souviens cependant d'une dame âgée de cinquante ans qui souffrait d'un fibrome saignant. Trois séances durant, j'ai prié et imposé mes mains. Ces soins l'ont immensément soulagée, même si elle a continué à voir son médecin.

➢ *Céphalées*

J'ai souvent accompagné des personnes qui sollicitaient mon aide, du fait de migraines occasionnant des douleurs fortes qui les empêchaient de vivre leur vie normalement. Je me contente d'imposer les mains, durant une vingtaine de minutes, sur la tête. Cela engendre un réel soulagement.

➢ *Herpès du nouveau-né*

Je me contente de préconiser d'appliquer du doigt de l'huile dans la bouche, pour que le soulagement s'opère.

➢ *Cancer*

Comme je l'ai déjà expliqué, je ne peux soigner les personnes atteintes de cancer développé ou généralisé. Elles relèvent de la médecine et de la chirurgie. Je peux tout au plus accompagner ceux qui me sollicitent, pour tenter de soulager leurs souffrances, de les aider à traverser cette « vallée des larmes », cette épreuve. Je me souviens pourtant d'une toute petite fille très malade : âgée de trois ans, elle était atteinte d'une tumeur à l'endroit du genou. Ses parents, qui vivaient à Berck-sur-Mer, ont souhaité que je la rencontre et sont donc venus chez moi. J'ai vu leur fille à deux reprises. Plus tard, j'ai appris qu'elle pouvait à nouveau s'adonner à ses jeux, vivre sa vie de petite fille. Je me souviens aussi d'une femme venue me rendre visite, au bord du désespoir. La pauvre souffrait d'un cancer du pancréas et du foie. J'ai évidemment fait preuve d'honnêteté, lui expliquant qu'il n'était pas possible que je la guérisse. Comme elle insistait pour que je tente quelque chose, je l'ai fait. Elle a attrapé mes mains, pour les placer sur sa poitrine, en affirmant que cela lui apportait du mieux-être. Quelques jours plus tard, j'ai été informé de sa disparition. Je propose aux parents de le faire eux-mêmes.

Ma vision du monde tel qu'il va

Je suis toujours étonné de constater que les gens entretiennent avec l'argent une relation étrangement passionnelle. Ils ont parfois tout, ou trop, mais ils sont malades. Il est vrai que l'époque est anxiogène, et qu'elle est bien différente de ce que j'ai connu en tant qu'enfant élevé dans l'âpre vie des corons. La misère revient, même si j'ai envie de dire qu'elle était différente, dans les mines, car les mineurs, s'ils n'avaient rien ou si peu, étaient moins malheureux. À l'époque, même si l'argent manquait, et si les conditions de travail broyaient les corps, si la poussière noire des mines ravageait les poumons, il y avait du travail. Les gens se parlaient, s'entraidaient, alors que les conditions de vie étaient plus dures. La convivialité n'était pas qu'un mot. Aujourd'hui, le mal prend un autre visage, il est comme une épée de Damoclès qui menace chacun, à l'heure des CDD et autres emplois temporaires. Il faudrait que les classes privilégiées assistent davantage les malheureux, en donnant aux Restaurants du cœur. La détresse est aussi davantage psychologique. C'est une peur légitime que celle de penser que l'on pourrait perdre son travail, ou bien ne pas en trouver, comme peuvent le penser tant de jeunes. Ce qui m'étonne cependant, c'est que cette société qui a tout orienté vers l'utile, la rentabilité à court terme, pousse chacun à courir pour pouvoir consommer des objets, et encore des objets, qui pourtant ne rendent pas heureux. Tant de personnes manquent de sérénité, car elles sont dépendantes de ce fait, ayant oublié que posséder n'est pas être. Il faudrait arriver à se recentrer sur les valeurs de l'échange gratuit, de la solidarité, du cœur. Trop d'êtres courent après des mirages, parce qu'ils croient que ce qu'ils auront acquis les rendra plus aimables. Peut-être n'ont-ils pas suffisamment de liberté, à l'intérieur d'eux-mêmes, pour se mettre à distance des discours qui influencent en ce sens. Alors, c'est la course à la possession, souvent motivée par le besoin d'avoir ce que l'autre a de plus que soi, comme si la relation humaine n'était que compétition. Ainsi la consommation abusive rend malade, tue, parfois.

Lors de mes consultations, il m'arrive d'échanger avec certains malades qui croient n'être personne, car ils n'ont pas les moyens d'être comme tout le monde, d'acheter les derniers objets de la haute technologie. Il faut parcourir, en soi, ce chemin qui nous apprend que paraître n'est pas être, et que les valeurs du cœur, de l'amour de l'autre sont les meilleurs cadeaux que la vie puisse nous donner. Peut-être, ce qui a touché tant d'êtres, parmi ces milliers de personnes venues me solliciter, quand la maladie leur rappelait que tout cela n'est qu'illusion, c'est que j'ai offert, à contre-courant des valeurs sociales, mes mains, rien que mes mains, dans un geste venu du cœur, dans un geste qui n'attendait rien, nul retour. Accompagner les frères humains sans demander d'argent, dans un monde à genoux devant le Veau d'or : c'est là un comportement à part, marginal, à contre-courant. Sans doute, cela doit toucher profondément ceux qui sont venus, viennent, viendront. Du coup, ils sont comme libérés du rôle qu'on attend d'eux, même si la maladie les a déjà souvent engagés à regarder autrement leur vie. Je leur donne, sans le vouloir, simplement par le fait de les recevoir, sans demander d'argent, la possibilité de s'interroger sur cet acte gratuit, et de repenser leurs propres valeurs. Peut-être, certains se sont-ils demandé comment l'on peut vivre, en étant dans cette autre logique de vie qu'est celle du don de soi. Peut-être, cela aura-t-il orienté leur vie un peu différemment, leur faisant ouvrir plus grand leur cœur, ceci les aidant à accueillir l'autre autrement qu'avant. En tout cas, je n'agis pas en ce sens.

Je fais juste ce que me dicte mon cœur gorgé de ferveur divine, je le fais pour être en accord avec moi-même.

Je pense qu'il faut apprendre à repenser la relation que l'on peut avoir avec l'argent, pour le remettre à sa place, à sa juste place, afin qu'il ne devienne pas un but en soi. Il doit demeurer un moyen, et ne pas se faire le vampire de nos existences offertes en sacrifice. Demandons-nous ce que nous avons à prouver, ou à nous prouver, dans cette quête sans fin qui parle peut-être d'une demande de reconnaissance pas à la bonne place. Sachons que pouvoir et argent, s'ils sont une sorte de revanche prise sur une souffrance passée, nous laissent bien seuls : ils peuvent occasionner tant de rencontres en trompe-l'œil, qui ne sont pas basées sur l'élan du cœur, mais sur la vanité, ou l'intérêt. La solitude est alors abyssale. Développer le sens de l'autre, du geste du cœur, est donc précieux, pour apprendre à ne rien attendre, mais juste à donner de soi, à un humain qui en a besoin. Son sourire vaut toutes les cassettes d'or du monde. Je constate que le fossé des inégalités s'accroît aujourd'hui, dans ce monde dont les yeux sont fixés sur le nouveau dieu du CAC 40, et pourtant il y a des SDF en nombre, des personnes qui ont à peine de quoi vivre. Je repense à mon enfance dans les corons, aux mendiants, comme on les appelait alors, que j'observais, et à ma mère qui nous disait de ne jamais rire du malheur des autres, parce que cela pourrait nous arriver un jour. Je me souviens de ma petite mère, qui allait à eux, pour leur proposer de venir se réchauffer à la maison, et leur offrir un morceau de pain, une orange, ou bien des œufs. Pour leur éviter de dormir dans le froid, durant les durs hivers, elle installait, dans la cuisine, des matelas sur le sol, pour qu'ils puissent se reposer… L'époque a changé. Et pourtant, ils sont nombreux, aujourd'hui, à tomber dans ce malheur, à se retrouver un jour sans toit, sans travail, sans amour, même si les corons ne sont plus. Alors j'essaie, comme ma mère, de vivre dans la compassion. Développer cette valeur de l'être peut nous éviter de baser la vie uniquement sur les valeurs matérielles. Cela permet de se libérer d'un carcan de dépendance à la norme et des souffrances engendrées. C'est un peu le tonneau des Danaïdes : la consommation abusive est sans fin, mais elle n'engendre jamais de satisfaction profonde, elle peut juste permettre de poser un pansement, elle permet de compenser. Ne pas en dépendre permet de gagner une sérénité, une tranquillité d'âme, et une vraie jouissance de l'être : les objets remis à leur place, l'humain peut reprendre la sienne. Cela revient à s'ouvrir à des extases d'un autre ordre, qui sont celles des sensations du cœur, de l'âme. C'est participer à l'expansion de son être profond, en explorant des ressources intérieures inépuisables, parce que leur langue est celle de l'amour en partage.

Des témoignages venus du cœur

Je ne saurais consigner dans ce livre les tonnes de lettres de remerciement reçues ou d'appels téléphoniques de reconnaissance, que je garde bien au chaud, dans les replis secrets de mon cœur. Nombreux sont ceux qui ont voulu m'inviter chez eux. Évidemment cela n'a pas été toujours possible, même s'il m'est arrivé, à l'occasion d'une visite chez un malade, de passer, chemin faisant, chez l'un ou l'autre. Je tiens à remercier tous ceux qui m'ont renvoyé l'intense chaleur du cœur, enfouie au creux de leurs mots écrits ou prononcés au téléphone.

DOUAI

Monsieur,

Il y a quelques jours, elle aurait voulu que je vous adresse un mot de remerciement, sa volonté sera respectée. Le 7 septembre, elle se savait condamnée par un mal inhumain. Les médecins lui donnaient à peine trois semaines à vivre.

Ce diagnostic, vrai pour la science reconnue, a été battu en brèche grâce à deux éléments forts : le courage exemplaire dont elle a fait preuve et votre aide précieuse. Elle s'est éteinte le 12 décembre. Cette courte période de trois mois nous aura permis de vous connaître mais aussi, et c'est dur à dire, de nous préparer plus doucement à l'issue fatale.

Sa confiance en vous était sans mesure, jusqu'au dernier jour… Le dimanche, vous êtes venu : elle le savait, elle le sentait, ce dont je ne vous remercierai jamais assez. La maladie qui l'a frappée est l'œuvre des hommes, elle l'a combattue avec vous, jusqu'au bout. Nous n'avons pas gagné.

Pour mon compte, un peu sceptique, surtout incroyant, vos visites journalières faisant plaisir à ma femme, je le regardais avec les yeux de saint Thomas.

Aujourd'hui, plus que jamais athée, je pense qu'il existe sur terre des hommes de bien dont la force permet d'atténuer le mal. Vous êtes de ceux-là. Aidez encore d'autres gens.

Au nom de Brigitte, de Virginie sa fille, de la famille et de moi-même, encore merci et bon Noël.

Salutations distinguées.

M. L. J.

PALLUEL

Ce petit mot à l'intention de M. Coupé, guérisseur qui a eu la gentillesse de me soigner, gratuitement, pour une hernie discale très douloureuse.

Après quatre impositions des mains échelonnées, sur deux semaines environ, je n'ai plus souffert de cette hernie discale et travaille tout à fait normalement.

Ceci pour preuve de témoignage.

Encore merci.

Mme G. C.

LIBERCOURT

Cher monsieur,

Vous m'avez en mai dernier reçu alors que j'étais en pleine crise de rectocolite ulcéro-hémorragique, maladie pour laquelle je suis en traitement depuis 1990, sans succès. J'ai le plaisir de vous donner de bonnes nouvelles de ce côté-là. Depuis la dernière fois où vous m'avez « réchauffé » les intestins, – c'est vraiment le mot qui convient –, cette énième crise s'est estompée rapidement.

Depuis, je n'ai plus d'ennuis, contrairement aux crises précédentes qui s'étalaient parfois sur quelques mois. Vous imaginez la reconnaissance que j'ai pour vous.

J'avais même arrêté tout traitement durant un mois et demi, pour la première fois depuis cinq ans. Le spécialiste m'a conseillé d'attendre trois ans avant de tout arrêter, les statistiques révélant qu'en cas de récidive éventuelle, ceux qui ne prenaient plus rien souffrent davantage.

Persuadé que cette maladie est directement liée aux douleurs émotionnelles, aux contrariétés, et étant plutôt du genre à me contrarier vite, j'ai suivi son conseil.

Cela n'enlève rien à l'efficacité de l'imposition de vos mains sur mon corps, mais comme je n'ai pas encore un mental fort pouvant supporter toute épreuve émotionnelle, j'ai repris une dose très faible de médicament.

Aujourd'hui je serais heureux de vous revoir et de bénéficier de votre fluide bienfaisant, dans l'espoir de me débarrasser des sifflements d'oreilles énervants, angoissants, qui me tracassent depuis de nombreux mois.

Au plaisir de vous revoir, et avec mes remerciements.

Salutations respectueuses.

M. G. M.

COMINES

D'abord, je vous présente mes meilleurs vœux pour 1999, à vous-même et à toute votre famille.

Je tiens par la présente à vous remercier, bien tardivement je l'avoue. Mes quelques séances m'ont soulagée car les douleurs ont disparu.

J'ai pratiquement retrouvé l'usage du genou gauche (je ne tombe plus) et je ne pense pas me faire opérer du droit (qui avait déjà été opéré) car il ne me donne plus de soucis depuis nos entrevues. Je vous réitère donc mes remerciements.

Mme W. D.

ROOST-WARENDIN

Après mon passage chez vous, j'ai remarqué une très nette amélioration de l'eczéma que j'avais sur les jambes.

Puis, après un mois de vacances, tout a disparu.

J'espère bien que cela va durer.

Je vous remercie vivement, monsieur Coupé, des soins que vous m'avez apportés.

M. B. P.

MONCHECOURT

Monsieur,

Je tiens à vous remercier de m'avoir guéri de mon allergie dont je souffrais depuis l'âge de six ans.

Je ne pensais pas que soit possible cette guérison miraculeuse. Je commence à y croire, maintenant.

Aussi ai-je eu l'idée de vous envoyer quelques personnes souffrantes que j'estime beaucoup, en espérant qu'elles-mêmes obtiendront un aussi bon résultat.

Je vous remercie encore une fois, vous priant de bien vouloir m'excuser pour ce retard.

M. G.

Pendant des années j'ai souffert d'eczéma : j'avais des démangeaisons le jour comme la nuit. Quand je me grattais, c'était insupportable… parfois même, j'en arrivais à pleurer.

Le médecin et les dermatologues m'ont soignée avec différents traitements, même de la cortisone. Après maintes recherches, je ne guérissais pas. J'ai même suivi un traitement homéopathique sans résultat.

Quand j'ai fait votre connaissance, quelques semaines après votre visite, j'étais sauvée.

Maintenant, ma peau a repris un aspect tout à fait normal et je suis beaucoup plus calme.

Je vous remercie beaucoup monsieur Coupé.

Je vous embrasse.

Mme A.

TORTEQUESNE

Monsieur,

Lorsque je suis venue vous voir pour la première fois, je venais de subir une éviscération de l'œil gauche.

J'avais de fortes douleurs dans tout le côté gauche (œil, crâne, oreille, dents, nez).

Vous avez posé la main sur la douleur qui a disparu petit à petit.

Je suis venue vous voir plusieurs fois sans rien vous devoir.

J'ai maintenant repris mon activité depuis le 24 mai sans aucune douleur et avec un meilleur moral.

Je vous remercie de tout cœur pour le soulagement que vous m'avez apporté et je vous dis à bientôt.

Mme V. M. D.

AUBY

Monsieur Coupé,

Je vous écris pour vous remercier, car l'aide que vous m'avez apportée m'a été très précieuse. Depuis quelque temps, je ressentais des choses étranges : j'apercevais des ombres, j'entendais des bruits indistincts, des cadres qui tombaient.

Ma fille a aussi été touchée par ces phénomènes, elle ne supportait plus de dormir dans son lit. Vous avez contribué, en m'apportant une bougie qui avait été allumée neuf jours et en me confiant six médailles, à m'enlever un très grand souci. Après votre contribution, tout est rentré dans l'ordre.

Ma fille et moi ne ressentons plus aucun de ces phénomènes étranges.

Je vous remercie pour votre aide.

Veuillez agréer mes sincères salutations.

M. K

Oscar,

J'ai entendu parler de vous par ma sœur, qui était venue vous voir pour son garçon. J'ai vu la santé de mon neveu s'améliorer de jour en jour, de façon incroyable.

J'ai alors décidé de venir vous voir pour ma fille qui, depuis sa naissance, avait du mal à respirer. Elle connaissait des otites à répétition et avait beaucoup de bile. Elle ne parvenait pas à dormir normalement tant elle toussait.

Depuis que nous vous avons rencontré, elle dort comme un ange, fait des nuits complètes et ses otites ont disparu. Elle devait se faire opérer au mois d'avril et maintenant l'opération est annulée parce qu'elle est guérie. Tout va bien, et cela semble incroyable.

Moi-même, j'avais les mains couvertes d'eczéma, avec des cassures qui me faisaient mal. Depuis que vous avez imposé vos mains sur moi tout va mieux : je peux les utiliser comme avant. Je suis couturière, et elles me sont donc vitales.

Je ne pouvais plus ni couper le tissu ni coudre. Je souffrais tellement.

Ce que vous avez réussi est formidable.

Nous pouvons vous dire mille fois merci, sans vous, Oscar, nous n'aurions jamais guéri.

Je ne sais comment vous remercier.

Je pense fréquemment à ce don merveilleux que vous avez et je prie souvent, en pensant à vous, étonnée que vous ne demandiez absolument rien en échange de ce que vous faites.

Vous êtes un homme au cœur d'or. Je ne connais aucune personne capable de donner autant d'elle-même pour aider les autres dans le besoin. Dieu doit être fier de vous. Merci mille fois Oscar.

De la part d'A. J. et de toute la famille.

Mme et Mr B.

XXXXX

Cher monsieur Coupé,

Par cette lettre je viens vous remercier pour vos soins concernant une dysidrose palmaire de la main droite que vous avez soulagée par simple imposition des mains. Les résultats ont été manifestes et je vous remercie du fond du cœur.

Je signale aussi que vous avez fait cela gratuitement sans demander aucun paiement, par amour du prochain. Je suis prêt à témoigner à qui que ce soit des résultats obtenus.

Merci beaucoup.

PONT-À-VENDIN

Monsieur Oscar Coupé,

Je me permets de vous écrire pour vous remercier de votre intervention qui remonte à deux semaines.

J'étais, une semaine auparavant, dans un état que je qualifierai de déplorable : un blocage de la colonne vertébrale au niveau des lombaires m'avait littéralement cloué, je dirai même paralysé au lit, pendant plus de deux semaines.

Je peux aujourd'hui certifier que votre intervention m'a permis de reprendre le travail sans problème. Je ne peux guérir totalement mais vous m'avez soulagé très rapidement, encore une fois je vous en remercie profondément.

Recevez, monsieur Oscar Coupé, mes salutations les plus distinguées.

M. S. L.

SOMAIN

Monsieur Coupé,

Je vous écris ces quelques lignes pour vous remercier. En effet, mon allergie semble avoir disparu.

Par la même occasion, recevez aussi les remerciements de ma mère que vous avez soulagée de la douleur qu'elle ressentait au côté droit.

Recevez, monsieur Coupé, mes salutations distinguées.

Mme et M. M. N.

THUMERIES

Monsieur Coupé,

Je suis venue vous voir trois fois pour un champignon et, grâce à vous, tout est terminé, bien fini. Vous ne pouvez savoir, monsieur Coupé, comme je suis contente. Mon appareil dentaire me faisait très mal, et suivant vos indications, j'ai mis de l'huile et je n'ai plus mal. Je parviens à manger de tout comme avant.

Encore merci.

Recevez, monsieur Coupé, toute mon amitié.

Mme T. M.

CAMBRAI

Monsieur Coupé,

Je viens par cette présente lettre vous remercier.

Je me suis présentée chez vous pour une paralysie faciale ainsi que pour une jambe qui m'empêchait de marcher.

Depuis que vos mains se sont posées sur moi, la guérison complète est arrivée. C'est incroyable, mais vrai.

Je ne sais que faire pour vous remercier de tout cœur.

Mlle V. C.

HÉNIN-BEAUMONT

Je vous remercie beaucoup pour tout ce que vous avez fait pour moi ; j'ai retrouvé ma joie de vivre. Je n'ai plus de douleurs au ventre, aux jambes et dans les reins. Je me lève le matin avec le moral.

C'est grâce à vous, à Dieu, que je peux manger en n'ayant plus mal à l'estomac. Je ne suis plus angoissée et, chez moi, le bonheur est revenu. Mon mari est de nouveau doux comme un agneau, il rit avec les enfants, avec moi, ce qui n'était plus le cas depuis un certain temps.

J'espère que pour vous tout va bien et que vous pourrez continuer à guérir les gens le plus longtemps possible, surtout bénévolement.

Il n'y a pas tant de personnes comme vous qui font de si belles choses sur la terre.

Je penserai toujours à vous car vous êtes gravé dans ma mémoire.

SAINT-CYR-SUR-MORIN

Monsieur Coupé,

Atteinte de psoriasis depuis l'âge de un mois – j'ai vingt-huit ans aujourd'hui –, je n'ai pu être soignée par aucun traitement.

Suite à votre consultation, le psoriasis a maintenant totalement disparu.

Je tiens à vous en remercier.

Je voulais vous apprendre aussi que le vœu auquel je tenais le plus était d'avoir un enfant : à l'heure actuelle, ce vœu est exaucé. Merci.

Mlle B. M.

AIRE-SUR-LA-LYS, le 11 mars 2006

Tout cela s'est passé il y a neuf ans et j'ai attendu aujourd'hui pour envoyer cette lettre à M. Oscar Coupé qui a guéri ma fille d'un reflux urinaire. Les médecins m'ont dit qu'elle devait subir une opération, mais je n'étais pas pour les opérations et ma tante m'a dit : « Va voir M. Oscar Coupé, il a guéri mon beau-fils qui perdait tous ses cheveux et qui ont repoussé il y a quelques semaines. » Alors, je lui ai amené ma fille trois fois, et de retour à l'hôpital, même si je n'y croyais pas beaucoup, après la radio, les médecins m'ont dit : « Il y a eu un miracle, on ne comprend pas, il n'y aura pas d'opération. »

Je vous remercie, monsieur Oscar Coupé, d'avoir guéri ma fille d'un reflux urinaire.

Mme S. M.

PARIS

Monsieur Coupé,

Nous avons le plaisir de vous adresser la cassette de l'émission « 37°5 le soir », diffusée le 12 avril dernier. Toutefois, nous vous précisons que nous sommes les propriétaires des droits de l'émission reproduite dans la cassette vidéo et que nous n'autorisons l'utilisation de celle-ci que pour un usage privé et non commercial (ni à des fins publicitaires, promotionnelles ou autres), quel qu'en soit le support ou l'objet, sauf accord express et écrit de la société COYOTE CONSEIL.

Nous vous prions de croire, monsieur, en l'assurance de nos sincères salutations.

La production

LAMBRES

Je voudrais vous apporter ici mon témoignage et vous dire la reconnaissance infinie que j'ai pour M. Coupé.

Cela faisait trois ans et demi que je voulais un deuxième enfant et, malgré les traitements, les examens, etc., je ne parvenais toujours pas à être enceinte. Je remercie Dieu et le destin qui a bien voulu me faire rencontrer M. Coupé.

Je suis aujourd'hui enceinte de trois mois et je suis la plus heureuse des femmes. Il ne m'a fallu que trois séances pour être enceinte dans le même mois.

Je tiens à préciser que je ne suivais plus aucun traitement depuis deux mois.

Je n'ai pas assez de mots pour dire à quel point je suis heureuse et j'espère que d'autres personnes pourront connaître toute la joie que je peux ressentir aujourd'hui.

Amicalement.

M. F. F.

Personne du voyage, le 28 mars 2006

À l'attention de monsieur Oscar Coupé,

Je vous fais parvenir ce courrier en vous remerciant de m'avoir guérie de ma maladie (canal carpien), car je devais normalement subir une opération qui grâce à vous n'a pas été nécessaire. Je vous remercie.

Mme D.

BACHANT

Je vous remercie du soulagement que vous m'avez apporté alors que je n'étais pas encore sortie de chez vous.

Mme D. L.

Je tiens à vous remercier. En effet, après une chute de cheval, je m'étais foulée la cheville.

Maman m'a immédiatement amenée chez vous qui m'avez gentiment accueillie. Je suis venue vous voir deux fois.

Le résultat de la première séance fut que je n'avais plus mal, même si je ne pouvais toujours pas marcher.

Après la seconde séance, qui est intervenue trois jours plus tard, je pouvais parfaitement marcher, et ce fut définitif.

Merci.

C. H.

DOUAI

Cela faisait un moment que je désirais vraiment un bébé. M'étant fait soigner, durant ce temps, sans aucun succès (ayant perdu l'enfant que je portais alors). Jusqu'au jour où une personne que je connaissais bien m'a gentiment conseillé d'aller vous voir et là, au bout de trois mois, en trois jours de visite, VOUS m'avez touchée de vos mains faisant vos prières, sans demander d'argent ni autre chose.

Le mois qui suivit ma visite m'apporta une heureuse nouvelle que je vous annonce ci-après, j'attendais un bébé grâce à vous. Pour moi et mon mari, cela fut un miracle, car nous étions telle-

ment désespérés et ne pensions plus réussir à avoir un enfant, mais grâce à vous et à votre don de Dieu, j'ai pu quand même avoir ce bébé que l'on espérait tant.

Encore une fois, monsieur Coupé, nous vous remercions de tout cœur pour ce que vous avez fait pour nous.

Mon fils s'appelle X. Il est né à Arras. Il pesait à la naissance 2 kilos 860 grammes et mesurait 50 cm. Je vous fais parvenir une photo de moi, mon mari et mon fils.

Grand remerciement à M. Coupé Oscar.

LÉCLUSE, le 13 avril 2006

Monsieur Coupé,

Je vous écris cette lettre pour vous remercier car grâce à vous mon garçon Logan âgé de huit mois est guéri de bronchiolites à répétition qu'il avait depuis sa naissance. Je voyais le médecin trois à quatre fois par mois ainsi que le kiné. Il fut aussi hospitalisé une semaine, ce qui n'a servi à rien, et grâce à vous, monsieur Coupé, il n'a fallu que huit séances pour qu'il soit guéri. Je vous remercie pour le miracle que vous avez accompli pour mon bébé.

Mme D.

HOLLANDE

Cher monsieur Coupé,

Vous avez soigné mon mari et je vous avais promis de vous tenir au courant.

Nous habitons la Hollande et je vous avais laissé une photo. L'état de mon mari s'est amélioré, mais je dois dire honnêtement qu'il prend aussi d'autres médicaments ; je ne sais pas si vous travaillez sur la photo, mais ce qui est certain, c'est qu'il va beaucoup mieux et nous vous remercions de vos bons soins.

Nous vous promettons une visite quand nous irons en France en septembre.

Mme Q. S. H.

Cher monsieur Coupé,

Par cette lettre je tenais à vous remercier pour vos soins concernant une dysidrose palmaire de la main droite que vous avez soulagée par simple imposition des mains.

Les résultats ont été manifestes et je vous remercie du fond du cœur.

Je signale aussi que vous avez fait cela gratuitement sans réclamer aucun paiement, par amour du prochain.

Je suis prêt à témoigner des résultats obtenus auprès de toute personne.

Merci beaucoup.

Dr H.

MARQUION

Je suis passé à la clinique pour une deuxième opération, suite à une mastoïdite. En effet, celle-ci coulait toujours autant, après deux mois d'intervention.

Je suis donc intervenu auprès de M. Coupé demeurant à Lambre-lez-Douai. En tant que guérisseur, il a définitivement fait disparaître l'écoulement et le bourdonnement de l'oreille, par simple imposition de ses mains sur les parties douloureuses.

Après trois séances de dix à vingt minutes chacune, tout a disparu et je l'en remercie vivement.

M. M. J.

THUMERIES

Monsieur,

Nous sommes venus vous voir pour mon mari qui souffrait d'un zona, et deux jours après, guéri, il ne sentait plus rien.

Vous m'avez également soignée pour l'épaule gauche (inflammation d'un tendon ou d'une prothèse). Depuis tout va bien. Je ne prends plus de calmant et ne vois plus de kiné, je lève mon bras. Je le mets derrière la tête et de plus, j'ai gagné cinq dixième à l'œil gauche ; je devais me faire opérer en juin de l'autre jambe mais depuis tout va bien.

Vous savez, monsieur Coupé, c'est merveilleux et je suis heureuse… depuis le temps que je souffrais (cinq ans).

Recevez, monsieur Coupé, toutes mes amitiés.

Mme T. M.

Le 6 septembre 2006

Je, soussignée Mme S., étant enceinte de trois mois en 2002 et de cinq mois en 2003 et de neuf mois en 2005, étant enceinte d'enfants malheureusement décédés, sans que les médecins ne trouvent ce problème médical.

Jusqu'au jour où je fais la rencontre de M. Oscar Coupé et là, après plusieurs visites à son domicile, sans jamais me demander d'argent, alors que j'étais enceinte de deux mois, il a posé ses mains sur ma tête et déclaré une inflammation.

Je déclare que M. Coupé a sauvé mon bébé et il est en très bonne santé, pesant 2 kilos 250 grammes.

Je ne remercierai jamais assez M. Coupé. Qui a fait mon bonheur à moi, à ma belle-mère, mon mari et toute la famille.

Douai, le 2 septembre 2006

Je, soussignée, mère de mon enfant qui se plaignait toujours de maux de tête et ayant passé des examens, des scanners, prises de sang et radios des sinus, encéphalogrammes et étant passé entre les mains de plusieurs médecins n'ayant rien trouvé.

Atteste que M. Oscar Coupé, guérisseur, a soigné mon fils à ce jour de ses mains et de son huile.

Grands remerciements.

Mme M.

Monsieur,

Vous avez tenu à adresser au Saint-Père une exemplaire dédicacé de votre ouvrage intitulé Ma mère… Au cœur de l'enfer[1]…

Je suis chargé de vous remercier. En vous confiant à l'intercession de Marie, Mère de Dieu, Il invoque sur vous et sur vos proches les Bénédictions du Seigneur.

Je vous prie d'agréer, monsieur, l'expression de mes sentiments cordialement dévoués.

Mgr G. C.
Assesseur

DU VATICAN, le 10 juin 1998

La Secrétairerie d'État vous fait savoir que votre message du 29 mai est bien parvenu au Saint-Père.

Elle vous transmet ses remerciements pour l'attachement filial dont vous lui donnez la preuve et pour les prières que vous avez faites à son intention.

Elle doit aussi vous préciser que le Saint-Siège ne peut prendre en charge la publication d'ouvrages destinés au grand reliés par des personnes privées. Elle vous restitue donc le volume que vous aviez envoyé.

Le pape prie pour vous et demande à Dieu de vous aider chaque jour. De grand cœur, il invoque la Bénédiction de Dieu sur vous-même et sur tous ceux qui vous sont chers.

Mgr L. Q.
Assesseur

1. Ouvrage publié à compte d'auteur.

MONTIGNY

Je viens vous apporter mon témoignage de la disponibilité de M. Oscar Coupé pour soigner, soulager et guérir les malades.

En juillet, contrainte par un état de santé alarmant (bourdonnements et claquements d'oreilles insupportables), je suis allée voir M. Coupé qui m'a soulagée dès la première visite.

Depuis cette visite, je suis toujours en pleine forme.

Encore merci, monsieur Coupé.

Mr et Mme L.

Témoignage radiophonique sur RDL

Monsieur Coupé,

Nous voulons vous remercier vivement pour les soins que vous avez apportés à notre petite fille âgée de sept ans atteinte d'affection urinaire, de refus du rein et de poussées de fièvre. Elle devait passer, suite à une échographie, un examen.

Après l'intervention de M. Coupé, cela n'a pas été nécessaire. Tous ses symptômes ont disparu. Cela nous a donné envie de témoigner.

Témoignages téléphoniques

Monsieur Coupé a aidé notre bébé atteint d'une malformation cardiaque. Il mangeait à peine. Il devait être opéré.

C'est en imposant les mains sur la tête de notre enfant que les valves se sont ouvertes. Le cardiologue fut très surpris de ce qui arrivait, ne trouvant pas d'explication à cette ouverture.

Notre bébé se porte bien maintenant.

Avec nos remerciements les plus sincères.

En 1995, à soixante-sept ans, j'étais au bord de la mort. J'étais atteint d'un cancer du colon et de rhumatismes. J'avais maigri de quinze kilos en trois ou quatre mois. Je ne pouvais plus ni manger ni dormir, et souffrais de constipation.

J'ai donc rencontré M. Coupé à trois reprises. J'ai repris du poids, et m'en suis sorti. Mon médecin, étonné, a déclaré : « C'est un fort. » S'il n'avait pas été là, je ne serais plus vivant aujourd'hui.

Par ailleurs, ma belle-fille, qui avait été opérée du genou, a pu éviter une seconde intervention chirurgicale pour son second genou, grâce à M. Coupé.

Notre reconnaissance est grande.

Gilbert

J'avais été classée, à l'hôpital, dans la catégorie de ce qu'on appelle les « grands brûlés », atteinte de brûlures au troisième degré.

L'intervention de M. Coupé m'a sauvée : toutes les marques de brûlure ont disparu.

P. C.

Un rêve de chapelle pour accompagner les douleurs des autres

Il m'est venu, ces dernières années, un grand rêve, un rêve de guérisseur qui sait n'être pas un gourou, mais qui a conscience que le temps fait son œuvre, et qu'il ne lui est pas possible, à hauteur d'homme, et vu l'âge qui avance, de soulager tous ces êtres qui viennent le solliciter. Je pense souvent à Lourdes, ce lieu où je me rends en pèlerinage et où les gardiens, qui me connaissent, me laissent allumer la rampe de bougies. Je voudrais pouvoir offrir aux humains en souffrance un lieu à eux, où je pourrais recevoir en grand nombre. Mon répondeur téléphonique est saturé d'appels, d'année en année. Aussi ai-je le désir fervent de faire construire une chapelle : je l'appellerais la chapelle du cœur, et je pourrais y accueillir tant d'êtres qui en ont besoin, même si je ne suis pas Jésus, mais que j'abrite juste en moi l'amour de l'autre. Ils viendraient à moi, et je pourrais imposer les mains à distance, et prier, avec une ferveur intense, pour tous ceux qui feraient le chemin pour parvenir à cette chapelle d'amour. Peut-être, une fois que je ne serai plus de passage sur la terre, et que je serai retourné à la poussière, des hommes et des femmes malades pourraient-ils venir devant ma tombe, dans la chapelle, qui serait un lieu de régénération, de soulagement, comme le furent dans mon enfance ces pierres tombales sur lesquelles je dormais, quand je quittais la maison familiale, la nuit. Je souhaiterais pouvoir abriter, près de la chapelle, les personnes sans domicile fixe, qui ont si froid l'hiver. Mon tombeau serait placé dans cette chapelle, et chacun pourrait venir formuler sa demande, et se verrait exaucé par le Dieu d'amour. Une chapelle à construire, donc, pour que je puisse gratuitement soulager et accompagner, à l'infini, avec mes mains, ma prière et mon cœur, parallèlement à ce que propose la médecine officielle. C'est ainsi que j'ai agi, que j'agis, que j'agirai. C'est ainsi que je vis, avec l'amour de l'autre en bandoulière.

Pour tout dire…

Si je suis guérisseur, par l'engagement du cœur, de l'être tout entier, je ne suis aussi qu'un homme, rien qu'un homme simple. Mon don a poussé sur le terreau de la foi fervente et de l'agape, de l'amour de l'autre. Comme je l'ai expliqué, j'ai reçu, visité que j'étais par le Christ, cet inexplicable don. Je vis donc en territoire d'étrangeté, accomplissant ce qui échappe à l'entendement, ce qui est jugé incompréhensible. Je n'ai fait que marcher sur la route lumineuse de l'amour de l'autre, dans ce voyage du cœur qui m'a été proposé. J'impose mes mains, je travaille le coton et l'huile pour transmettre à ceux qui me sollicitent depuis de longues décennies toute l'énergie vitale et divine qui vient soulager certains de leurs maux. C'est ma mystérieuse mission de vie. Aux frontières du surnaturel, je suis pourtant simplement au service des autres : l'homme est au centre de mon projet de vie. La vie quotidienne me réserve ce que connaissent mes prochains, puisqu'il faut chaque jour se nourrir, conserver son toit, ne pas voir revenir la misère que j'ai connue enfant, dans l'enfer noir de mes saisons de mines de charbon. Désintéressé financièrement, j'agis en passeur, puisqu'il m'a été proposé d'aider autrui. C'est ainsi que je remercie Dieu, de m'avoir fait cadeau de ce don que j'ai accueilli, avec toute la ferveur de ma foi transmise par ma petite mère courage. J'ai été, je suis, et je serai ce missionnaire du cœur, qui porte l'amour des frères humains en bandoulière. Je pense aussi à ces femmes qui ont croisé mon chemin de vie, et qui n'ont fait que passer, parce que j'étais certainement, avant tout, seulement fait pour prodiguer mes soins divins, pour me donner à ceux qui souffrent. Cela commença, je l'ai dit, très jeune, et avoir vécu l'âpre vie des mineurs des corons me donna aussi à jamais le sens de l'empathie face à la douleur de vivre. Aujourd'hui, je suis heureux d'avoir aussi été père : de ma rencontre avec Sylvie, après un premier mariage, est née Sélène, cet amour dont je suis fier. Valène, quant à elle, a été élevée par sa mère et moi-même. Elles grandissent toutes deux aussi dans l'amour de l'humain, ancrées qu'elles sont dans les valeurs de l'être.

Évidemment, vous l'aurez compris, en tant qu'homme parmi les hommes, j'ai connu, comme tout le monde, les hauts et les bas de la vie, ses soleils et ses fractures couleur charbon. En tant que guérisseur désintéressé financièrement, je l'ai dit, j'ai connu la crainte d'être dénoncé, alors que je n'ai jamais détourné les malades de leurs médecins. J'ai enduré aussi des regards interrogateurs, dubitatifs, accusateurs, face à ces « choses vues » si surprenantes et irrationnelles de ce don agi qui m'a permis aussi de transcender la souffrance d'être montré du doigt. Quelqu'un m'a parlé de ces belles images du poète Baudelaire, disant que la boue pouvait être transformée en or. Moi, avec mes mains imposées à la force de l'amour pour l'humain, j'ai transformé la boue de la jalousie, de la suspicion, en or du cœur. Ces mains ont transformé la boue des douleurs de l'enfance, la douleur de voir ma mère souffrir, en or de la compassion. C'est elle qui inonde mon cœur, quand j'ouvre la porte, simplement, à ceux qui n'ont plus l'espoir de terrasser ces monstres invisibles que sont les maladies. Ces milliers d'inconnus, venus de France, d'Europe, privilégiés ou non, quels que soient leur condition, leur milieu, leur apparence, forment une ronde qui pourrait se donner la main pour faire le tour de la terre. Mon bonheur est d'avoir contribué à les soulager, les délivrer, prolonger leur vie ainsi transformée.

Je suis ce que certains appellent un homme à part, différent. J'ai cultivé cette différence, que j'aurais parfois voulu estomper, car elle ne fut pas toujours facile à vivre, vous l'aurez compris. Je n'ai fait, je ne fais et je ne ferai rien d'autre que donner ce que j'ai, ce pas grand-chose, ce presque rien : je prends dans mon cœur cette énergie qui passe par mes mains, à ceux qui me demandent de les aider. C'est avec leur sourire revenu que j'ai entretenu ma foi, mon amour de l'autre, comme une précieuse rose à arroser, chaque jour. Cela a été le cadeau précieux qui m'a permis de mettre à distance ces douloureux maux de l'âme qu'engendrent la jalousie, la suspicion, le scepticisme. Je répète que je n'ai eu d'autre projet que celui d'aider gratuitement l'homme à mieux-être, à lutter contre la gangrène insidieuse du mal, cette inflammation qui s'empare d'une partie du corps et qu'on appelle maladie. Jamais je n'ai détourné les malades qui me sollicitent des voies de la médecine officielle : je suis l'homme qui agit en parallèle, à la marge. Je suis décalé, à l'heure de l'accélération de la globalisation économique, des dividendes, de l'adoration du Veau d'or. Autrui est le sentier d'expression de mon don singulier. Je ne suis que le modeste vecteur de ce Dieu d'amour qui habite mon cœur. Je vis autrement, et pourtant sur la terre, depuis toujours, avec ce don irrationnel que des milliers de personnes ont souhaité voir mis en actes, pour elles. À bout de souffle, elles sont venues, elles viennent, elles viendront. J'aurai l'énergie vitale de mes mains, mes prières et mon cœur à leur offrir, pour que soient soulagés leurs maux, et pour que la vie reprenne son souffle, continue plus sereinement son cours.

ANNEXES

SECRÉTAIRERIE D'ÉTAT

PREMIÈRE SECTION - AFFAIRES GÉNÉRALES

Du Vatican, le 10 juin 1998

La Secrétairerie d'État vous fait savoir que votre message du 29 mai est bien parvenu au Saint-Père.

Elle vous transmet ses remerciements pour l'attachement filial dont vous lui donnez la preuve et pour les prières que vous avez faites à son intention.

Elle doit aussi vous préciser que le Saint-Siège ne peut prendre en charge la publication d'ouvrages rédigés par des personnes privées. Elle vous restitue donc le volume que vous aviez envoyé.

Le Pape prie pour vous et demande à Dieu de vous aider chaque jour. De grand cœur, il invoque la Bénédiction de Dieu sur vous-même et sur tous ceux qui vous sont chers.

Mgr P. López Quintana
Assesseur

Monsieur Oscar COUPÉ
DOUAI
(avec annexe)

SECRÉTAIRERIE D'ÉTAT

PREMIÈRE SECTION · AFFAIRES GÉNÉRALES

Du Vatican, le 5 octobre 2004

Monsieur,

Vous avez tenu à adresser au Saint-Père un exemplaire dédicacé de votre ouvrage intitulé « *Ma Mère… Au cœur de l'enfer…* ».

Je suis chargé de vous remercier. En vous confiant à l'intercession de Marie, Mère de Dieu, il invoque sur vous et sur vos proches les Bénédictions du Seigneur.

Je vous prie d'agréer, Monsieur, l'expression de mes sentiments cordialement dévoués.

Gabriel Caccia

Mgr Gabriel Caccia
Assesseur

Monsieur Oscar COUPÉ
DOUAI

(avec annexe)

Achevé d'imprimer en mai 2014
sur les presses de la **N**ouvelle **I**mprimerie **L**aballery
58500 Clamecy
Dépôt légal : mai 2014
N° d'impression : 405040

Imprimé en France

La **N**ouvelle **I**mprimerie **L**aballery est titulaire de la marque Imprim'Vert®